Es schien mir, als befände ich mich hoch oben im Weltraum.
Weit unter mir sah ich die Erdkugel in herrlich blaues Licht getaucht.
Ich sah das tiefblaue Meer und die Kontinente. [...]
Der Anblick der Erde aus dieser Höhe war das Herrlichste
und Zauberhafteste, was ich je erlebt hatte.

C. G. Jung, Erinnerungen, S. 292

Fred Hoyle, ein britischer Astrophysiker, prophezeite 1948: „Wenn es einmal eine Fotografie der Erde geben wird, die von Draußen aus aufgenommen ist, [...] dann wird eine neue Idee um sich greifen, die so umwälzend sein wird, wie nur je eine in der Geschichte gewesen ist."

Was könnte das für eine neue Idee sein? Die höchste und wichtigste heutige Idee scheint die des globalen Menschen und des kosmischen Bewusstseins zu sein oder anders: die Idee, dass sich in uns die Evolution des Universums ein Wesen geschaffen hat, das über sich selbst und das Wunder des Universums staunen kann und allmählich zu dieser Bewusstheit hin erwacht.

Vielleicht handelt es sich hier bei diesem Anblick tatsächlich um eine der bedeutungsvollsten Visionen, die die Menschheit je hatte und vielleicht liegt hierin der Kern einer zukünftigen spirituellen Einstellung, welche Wissenschaft und Mystik miteinander versöhnen kann.

Menschliches Bewußtsein erst hat objektives Sein und den Sinn geschaffen,
und dadurch hat der Mensch seine im großen Seinsprozeß
unerläßliche Stellung gefunden.

C. G. Jung, Erinnerungen, S. 259

inhalt

Wolle die Wandlung.
O sei für die Flamme begeistert,
drin sich ein Ding dir entzieht,
das mit Verwandlungen prunkt;
jener entwerfende Geist,
welcher das Irdische meistert,
liebt in dem Schwung der Figur nichts
wie den wendenden Punkt.

Rilke, 1922

Liebe Leserinnen und Leser,

eine Vision (lateinisch visio, Erscheinung, Anblick) ist ein inneres, meist bildhaftes Erleben, das als real aufgefasst wird, obwohl es sinnlich nicht direkt wahrnehmbar ist. Wenn Höreindrücke auftreten, spricht man auch von „Audition". In traditionellen religiösen und spirituellen Zusammenhängen wird eine Einwirkung von Mächten und Kräften außerhalb des Visionärs angenommen. Unter Visionen versteht man heute aber auch innovative Zukunftsvorstellungen, kühne, mutige, kreative, oft fantastisch erscheinende Entwürfe und Konzepte für die weitere Entwicklung einer Organisation, einer ganzen Gesellschaft und Kultur.

Visionen, seien es religiös-spirituelle Bilder oder zukunftsbestimmenden Vorstellungen und Ideen, die einzelne Menschen oder ganze Nationen hervorgebracht und verfolgt haben, scheinen das Gefährlichste und das Großartigste in der Bewusstseinsevolution der Menschheit zu sein. Manche der wichtigen Entdeckungen, Erfindungen und Bewegungen geschahen „zufällig", andere aus einer impliziten Not-Wendigkeit heraus und andere, weil sie auf Menschen trafen, die für sie empfänglich und waren und sich mit ihnen identifizieren konnten.

Was waren die „Meilensteine" der kulturellen Menschheitsentwicklung? Z. B. die Entdeckung des Feuers, des Rads, der Waffen und Werkzeuge, die Sprache, das Denken, die Kommunikation, die Kunst, die Schrift, das Rechnen, das Buch, Ackerbau und Viehzucht, religiöse, wissenschaftliche und gesellschaftliche Systeme und Utopien, Imperialismus, Kriege, Maschinen, die Elektrizität, die Uhr, Gummi und Kunststoffe, Fahrzeuge und Flugzeuge, Telefon, Rundfunk, Fernsehen, Atomenergie, Raumfahrt, Genetik, Sonnenenergie, Computer, Robotik, Internet und virtuelle Welten...

Alle diese Entwicklungen waren mehr oder weniger motiviert durch und begleitet von Visionen, aber auch von immensem Leiden, von Verrücktheit, Narzissmus, Machtstreben und Größenwahn, von Risiken und Katastrophen.

Woher stammen Visionen? „Wer Visionen hat, sollte zum Arzt gehen" meinte der frühere Bundeskanzler Helmut Schmidt auf die Frage, was denn seine Vision sei. Diese Einstellung passt zur nüchternen rationalen Art und Weise seines Denkens, aber auch zur Meinung vieler heutiger Menschen.

Tatsächlich ist aus psychiatrischer Sicht sehr wahrscheinlich, dass einige der bekannten Visionäre der Geschichte unter psychischen Störungen (z. B. narzisstischen Größenfantasien, Psychopathie), psychotischen (z. B. Schizophrenie, Manie) oder hirnorganischen Erkrankungen (z. B. Schläfenlappenepilepsie, Syphilis) litten. Das sagt aber nichts über die Bedeutung und Wirkung ihrer Visionen aus, zumal zwischen Genie und Wahnsinn oftmals nur ein schmaler Grat verläuft. Wahrscheinlich muss man etwas „ver-rückt" sein, um dem sozialen Anpassungsdruck etwas Eigenes und Neues gegenüber zu behaupten.

Positiv gesehen sind Visionen auch der Ausdruck einer erstaunlich kreativen Fähigkeit der Psyche, welche alles einsetzt, um zu überleben, welche immer bereit ist zum Fantasieren, Spielen, Experimentieren, Kämpfen, bereit zum Erweitern innerer und äußerer Territorien, immer sehnsüchtig auf der Suche nach dem „Stein der Weisen" und dem ewigen Leben.

Nach tiefenpsychologischer Auffassung sind Visionen Einbrüche unbewusster Inhalte ins Bewusstseinssystem als Ausdruck selbstregulativer Prozesse, oft auch mit kompensatorischer Funktion, d. h. sie versuchen Einseitigkeiten und Inkonsistenzen des Gesamtsystems auszugleichen. Wenn ein Mensch oder eine Gesellschaft aus dem Gleichgewicht geraten ist und neue Entwicklungsschritte erforderlich werden, treten psychische Gegenreaktionen auf, beispielsweise in Form heftiger affektiver Reaktionen, Symptomen oder eben auch Visionen, die meist auch einen archetypischen Kern haben.

Alle stärksten Ideen und Vorstellungen der Menschheit gehen auf Archetypen zurück. Besonders deutlich ist dies bei religiösen Vorstellungen

der Fall. Aber auch wissenschaftliche, philosophi-
sche und moralische Zentralbegriffe machen davon
keine Ausnahme.

Jung, GW 8, § 342

Archetypen waren und sind seelische Lebens-
mächte, welche ernst genommen sein wollen und
auf die seltsamste Art auch dafür sorgen, daß sie
zur Geltung kommen. [...] Sie sind nämlich auch
die unfehlbaren Erreger neurotischer und sogar
psychotischer Störungen, indem sie sich genau so
verhalten wie vernachlässigte oder mißhandelte
Körperorgane oder organische Funktionssysteme.

Jung, GW 9/1, § 266

Archetypische Motive und Dynamiken reichen vom Tiefsten bis zum Höchsten. Einerseits sind sie etwas ganz „Normales", Selbstverständliches, Alltägliches, sogar Banales. Andererseits können sie mit starken Emotionen, mit Faszination, dem Gefühl der „Numinosität" und Spiritualität verbunden sein. Den Begriff „Numinosität" verwendet C. G. Jung in Anlehnung an den Religionswissenschaftler Rudolf Otto für psychische Erfahrungen, die auf den Betreffenden eine geheimnisvolle, anziehende, kraftvolle Macht ausüben. Numinose Erfahrungen lassen den Menschen erzittern, erbeben, erschauern, erzeugen in ihm Ehrfurcht, können ihn zugleich verzaubert, wie behext oder auch „besessen", beglückt, verzückt, entrückt machen und ihn in Ekstase versetzen. Sie scheinen besonders dann eine tiefgreifende Wirkung zu haben, wenn sie für einen Menschen oder für eine Kultur erstmals und ganz neu ins Bewusstsein treten.

Ein Beispiel dafür ist die Faszination, die die stark erregende, angstmachende wie auch befreiende Wirkung der sexuellen Aufklärung durch Freud und die Psychoanalyse ausübte, die den Menschen erlaubte, sich wieder mit etwas anzufreunden, was früheren Menschen oder Menschen anderer Kulturen kein besonderes moralisches Problem war.

Ein anderes Beispiel ist die Fantasie der reinen Lichtgestalt des arischen Übermenschen im sogenannten Dritten Reich.

Solche Fantasien von Besonderheit, Grandiosität und Gottähnlichkeit sind an sich nichts Bemerkenswertes, finden sie sich doch ganz ursprünglich in allen Kinderseelen, auch in allen Religionen. Wenn allerdings solche archetypischen Faktoren in veränderten Bewusstseinszuständen oder nach Zeiten längerer Unterdrückung wieder durchbrechen, sich neu „konstellieren", können sie aufgrund der Faszination und Numinosität zu einer „Inflation" und zu einer unbewussten Identifikation mit ihnen führen, d. h. man empfindet, dass sie so etwas wie absolute und letzte Wahrheiten darstellen.

Sie haben dann einen kaum zu erschütternden Überzeugungs- und Gewissheitscharakter, und sie erscheinen als das Wichtigste und Wesentlichste, um das es im Leben geht. In ihrer überwertig wahnhaften Dynamik können sie große Menschenmengen infizieren und ihnen das Gefühl größter Bedeutsamkeit vermitteln.

Solche Infektionen mit archetypischen Ideen können natürlich umso leichter geschehen, je mehr die Menschen kommunikativ miteinander verbunden sind. Zu diesem Zweck führten die Nationalsozialisten den sogenannten „Volksempfänger" ein. Das ganze Volk sollte die Visionen des Führers vom zukünftigen „arischen" Menschen und dem „Tausendjährigen Reich" empfangen und teilen.

Heute spielen die Massenmedien (Fernsehen, Internet) weltweit eine noch viel größere Rolle, deren Auswirkungen im Positiven wie im Negativen bislang noch unabsehbar sind.

Die positiven Auswirkungen von Internetplattformen wie Google, Wikipedia, Facebook, Instagram und Twitter zeigen sich beispielsweise darin, dass fast alles beschreibbare Wissen fast allen Menschen zugänglich werden kann und neue Ideen, gesellschaftliche und politische Ereignisse rasend schnell, fast zeitgleich um den Erdball herum kommuniziert werden können.

Die inzwischen schon sehr deutlich gewordene Kehrseiten davon sind zunehmende Reizüberflutung, Stress, „Cybermobbing", oder die Gefahr, dass sich auf diesem Wege paranoide Ängste, Fremdenhass, Terrorismus, Verschwörungs- und Weltuntergangsfantasien ausbreiten könnten.

Die gigantischen Katastrophen, die uns bedrohen, sind keine Elementarereignisse physischer oder biologischer Natur, sondern psychische Ereignisse. Uns bedrohen in schreckenerregendem Maße Kriege und Revolutionen, die nichts anderes sind als psychische Epidemien. Jederzeit können einige Millionen Menschen von einem Wahn befallen werden, und dann haben wir wieder einen Weltkrieg oder eine verheerende Revolution.

Jung, GW 17, § 302

C. G. Jung sah als Gegenmittel gegen die Gefahren der Inflation der Menschen mit destruktiven psychischen Inhalten, die Individuation des Einzelnen, die zunehmende Bewusstheit über die psychischen Kräfte, insbesondere auch den „Schatten".

Um aber nicht bei dem Negativen der Visionen stehen zu bleiben: Visionen haben die Evolution natürlich auch in positiver Hinsicht intensiv vorangetrieben. Visionäre Persönlichkeiten besitzen neben den beschriebenen problematischen Seiten eben oft auch eine starke Kreativität, Fantasie und Intuition, Ausdauer und Beharrlichkeit, die Fähigkeit, Rückschläge und Kritik auszuhalten und oft auch Glück, das Glück, dass sie zur rechten Zeit, am richtigen Ort mit der richtigen Idee sein lässt.

Natürlich hat es immer auch Gegenvisionäre gegeben. So meinte Kaiser Wilhelm II., König von Preußen, dass das Auto nur eine vorübergehende Erscheinung sei, Lord Kelvin bezweifelte, dass Maschinen, die schwerer als Luft sind, jemals fliegen könnten, Thomas Watson, Vorsitzender von IBM, schätzte 1943, dass der Computer keine besondere Zukunft habe und es kaum einen Markt dafür gebe und John v. Neumann, Mathematiker, glaubte 1949 bereits die Grenzen der Computertechnologie erreicht zu haben.

Offenbar ist unser beschränkter Geist sehr oft nicht fähig, das sich anbahnende wirklich Neue zu erkennen, zu fürchten oder zu fördern.

So wünschen wir Ihnen und uns, dass wir uns der Vision einer umfassenden Dankbarkeit und Liebe für die Schöpfung, wie sie durch das Bild auf der ersten Seite dieses Heftes gezeigt wird, immer wieder neu öffnen können – trotz allem und mit allem, was sie uns schenkt und zumutet – und wir darin Sinn und Aufgabe finden.

Ihre

Anette und Lutz Müller

Die Gabe der Schau
bei Hildegard von Bingen

Ingrid Riedel

Eine der bedeutendsten „Seherinnen" in der Geschichte der Christenheit war Hildegard von Bingen (1098-1179). Sie lebte z. Zt. des Kaisers Friedrich Barbarossa, zu dem sie historisch belegbare Kontakte hatte. Ihr war es gegeben, einige grundlegende Traditionen der Bibel, die in der Kirche bis dahin im damaligen kollektiven Bewusstsein oftmals vernachlässigt wurden, wieder ins Licht des Bewusstseins zu heben: Es geht dabei vor allem um die Bedeutung der Schöpfung und des Menschen als das vornehmste Geschöpf und um die Bedeutung der Weisheit, die an der Schöpfung beteiligt ist. Wodurch war ihr das gegeben, als Frau, der zu jener Zeit keinerlei Lehrautorität – schon gar nicht in religiösen Fragen – zukam?

Auf keine andere Weise war es ihr gegeben als durch die Gabe der Imagination, der inneren Schau, die ihr von Kind an zu eigen war, allerdings in der zwingenden Weise, dass sie mit offenen Augen, spontan und bildhaft ihre inneren Einfälle und Vorstellungen, auch ihre Erinnerungen vor sich sah – eidetisch könnte man diese eigentümliche Begabung nennen, die selten, aber doch immer wieder bei Menschen zu beobachten ist, eine natürliche Gabe zunächst. Als Kind verwunderte sie sich – wie sie in ihrer Lebensgeschichte schreibt – dass sie diese inneren Bilder mit ihrer Amme nicht teilen konnte, die jeweils nichts

dergleichen sah; als Jugendliche wusste sie sich durch diese Gabe auch schmerzlich unterschieden von den Anderen (vgl. Monachus 1968).

Diese Gabe der Imagination, die sie mit innerer Notwendigkeit überkommt, ist zunächst, wie gesagt, eine natürliche Gabe, welche die

Miniatur aus dem Rupertsberger Codex des Liber Scivias. (www.wikimedia.org)

Inhalte des Unbewussten dem Bewusstsein nahebringt, wie auch die nächtlichen Träume es tun, es ist eine Form des Tagtraums, der sich nicht abweisen lässt.

Diese selten wertvolle Begabung an sich hätte Hildegard zunächst nur mit all denen verbunden, denen die Botschaften ihres Unbewussten als Wegweiser zur persönlichen Entwicklung wichtig sind. Hildegards persönliche Entwicklung – geleitet von jenen persönlichen Botschaften des Unbewussten – führte sie auf einen spirituellen Weg im Rahmen der Möglichkeiten für eine Frau des 12. Jahrhunderts: über eine religiöse Erziehung vom achten Lebensjahr an durch eine hierfür geeignete Verwandte der Familie auf Burg Sponheim, gemeinsam mit einer Gleichaltrigen und der um sechs Jahre älteren Jutta von Sponheim.

Die drei religiös begeisterungsfähigen Mädchen träumten davon, neben den Kreuzfahrern nach Jerusalem zu pilgern, was das Erschrecken ihrer Eltern in so hohem Grade hervorrief, dass sie allenfalls dem nächsten abenteuerlichen Plan der drei Mädchen zustimmten, nämlich in eine Klause am Rande des neu errichteten Benediktiner-Klosters auf dem Disibodenberg einzuziehen. Frauenklöster waren damals noch nicht üblich. Hildegard war damals 14, Jutta etwa 20 Jahre alt, als sie diese Idee verwirklichten.

Hier, in der Nachbarschaft eines Benediktinerkonvents mit seiner liturgischen Tagesgestaltung, an der sie teilhatten, auch in der Begleitung des geistlichen Mentors Volmar, begann sich Hildegards visionäre Gabe voll zu entfalten. Sie begann in aller Stille – nur Volmar und Jutta wussten davon – ihre inneren Bilder niederzuschreiben, die sich in ihrem ersten Buch *Scivias. Wisse die Wege* wie ein bildhafter, auch kritischer Kommentar vom Unbewussten her zu den wesentlichen Ereignissen der Heilsgeschichte verstehen lassen. Schon hier zeigt sich Hildegards Schöpfungs-Bezogenheit, in der sie in ihrer Schau ergänzende Gegenbilder zu einem einseitig asketischen Christentum, wie es auch Jutta von Sponheim vertrat und vorlebte, finden ließ (vgl. Riedel, 2010, S. 16 ff.).

Nach Juttas frühem Tod einstimmig zur Priorin der benediktinischen Frauenkommunität gewählt, die aus der Klause der drei jungen Frauen erwachsen war, hatte Hildegard Augenmaß, Tatkraft und organisatorisches Talent zu erweisen, zumal sich die Notwendigkeit ergab, ein eigenes Frauenkloster zu begründen, auf dem Ruppertsberg bei Bingen, der damals allerdings überhaupt erst gerodet und urbar gemacht werden musste. Auch diese ungeheure organisatorische Arbeit meisterte Hildegard zusammen mit ihren Schwestern.

Hildegard, die Visionärin, erweist sich hier als Mensch von klarem Unterscheidungsvermögen und ausgesprochenem Realitätssinn. Bei Menschen mit visionärer Begabung ist immer die kritische Frage zu stellen, ob sie sich von den starken Inhalten des Unbewussten womöglich auch überschwemmen lassen. So tritt bei manchen Visionären eine inflationäre Identifikation mit Christus auf und so ist die Gefahr einer Psychose immer latent vorhanden, falls man sich von den Inhalten des Unbewussten nicht zu unterscheiden vermag.

Nichts von alledem bei Hildegard. Geradezu sachlich weiß sie sich von den archetypischen Bildern zu unterscheiden, kennt auch noch keine spezielle Christusminne, wie sie später bei den Mystikerinnen Gertrud der Großen oder Mechthild von Hackeborn zu finden ist. Ihre Mystik ist vielmehr eine Mystik der Schöpfung.

Am deutlichsten wird Hildegards Art und Eigenart in den Visionen ihres Alterswerkes sichtbar, der sog. *Kosmosschrift, liber divinorum operum* (vgl. S. 281). Wunderbar erscheint hier das Bild einer Frau Weisheit, die, in einen grünen Seidenmantel gekleidet, (Farbtafel VII zu Schau 10 in *Welt und Mensch*) die Mitte des kosmischen Kreises bildet und ihn durchwaltet. Sie erhebt ihre Hand, trägt die Tafeln – wie die des Moses –, doch sie enthalten keinen Gesetzes-Text, sondern sind leer und stehen in reinem Licht (vgl. Abb rechts) Vielleicht darf man das so verstehen, dass sie das „ungeschriebene Gesetz der Natur" verkündigen sollen – denn Sophia steht als lebendiges Bild für Gottes Weisheit, für die Weisheit der Na-

Seite aus „Liber divinorum operum" (www.wikimedia.org)

tur hier im Mittelpunkt des kosmischen Kreises, symbolisch gesehen auch in der Mitte des Selbst einer Hildegard von Bingen.

Für Hildegard erscheinen in den inneren Bildern – vom Unbewussten her, das um die Ergänzungsbedürftigkeit weiß,– vielfach die weiblichen Seiten des Göttlichen, meist in Gestalt der Weisheit oder auch von Engelboten, die auf Löwenfüßen mit den sechsfachen Flügeln (vgl. Riedel, 2010, *Die Allmacht der Weis-*

heit, Tafel IX) die Weisheit bringen oder darstellen sollen.

Ganz besonders beleuchtet das kollektive Unbewusste, das sich in Hildegards Imaginationen Bahn bricht, das Menschenbild, das in der christlichen Tradition vielfach verdunkelt und als ausschließlich sündhaft entstellt und dargestellt wurde. In einer der zentralen Visionen der Kosmosschrift steht da, wo auch Frau Weisheit in einer früheren Vision stand, nämlich im Zentrum des kosmischen Kreises, nun der Mensch selbst, aufrecht, frei, nackt, die Arme weit geöffnet, als wollte und könnte er die ganze Welt umfassen, ja umarmen (vgl. Abb. unten).

In seinen Händen laufen die goldenen Fäden zusammen, die, wie die Linien eines Horoskops, den kosmischen Kreis durchziehen, ausgehend von den Tiersymbolen in den umschließenden Energiekreisen des Kosmos – es sind andere als im klassischen Horoskop, die aber wie jene auch, die aufbauend-liebenden und die zerstörenden Kräfte des Kosmos kennen und in ihn immer erneut einspeisen. In die Hand des Menschen ist gelegt, was hieraus wird.

Bemerkenswert ist, wie Hildegard die Energiekreise, die den Kosmos umfassen, im Licht

Seite aus „Liber divinorum operum" (www.wikimedia.org)

des Unbewussten erschaut: Der alles umfassende äußerste Feuerkreis, in Rot, ist der Energiekreis der Liebe, der göttlichen Liebe des Schöpfers zu seiner Schöpfung. Sie hat zugleich die breiteste Bahn inne.

Der nächste, weiter innen liegende Energiekreis im Rahmen dieser konzentrischen Kosmos-Kreise ist ein schwarzer Kreis – „Gottes Dunkelfeuer", wie Hildegard es einmal nennt. Er verkörpert das Dunkle in der Schöpfung, in Gott, wohl auch in Reaktion auf eine Ablehnung der Liebe – sodass auch das Dunkelfeuer mit der Liebe zu tun hat; es zeigt sich in dem genialen Einfall, (vielleicht auch der Malerin des Bildes, die nicht Hildegard selber ist), darin, dass das Schwarz des Dunkelfeuers vom Rot des Liebesfeuers durchglüht, ja durchflochten ist wie von der unverlöschlichen Glut unter der Asche.

All dies sind Wirkungen des Unbewussten, in der Visionärin selbst, wie auch in der inspirierten Malerin des Bildes, die wohl einer klösterlichen Schreib- und Malstube zugehört.

Ausgesetzt den Wirkungen des Dunkelfeuers wie des Liebesfeuers, steht der Mensch in der Mitte des kosmischen Kreises und hält die Kraftlinien dieser kosmischen Konstellationen in der Hand: Frei steht er da, dankbar, entscheidungsfreudig.

Welch ein Gegenbild zu dem einseitigen Sünderbild einer verkürzten Optik, die den Menschen als Geschöpf Gottes aus den Augen verloren hat! Das kollektive Unbewusste, das solche Visionen einer Einzelnen mitprägt, ergänzt den Mangel, der im kollektiven Bewusstsein der Kirche ihrer Zeit entstanden ist.

Schon eine frühe Schau, noch aus dem Buch *Scivias – Wisse die Wege* der 42- bis 52jährigen Hildegard – zehn Jahre lang schrieb sie daran – zeigt ein neues Bild des schöpfungsgemäßen Menschen. Sie gab ihm den Titel: *Vom Urquell des Lebens* (vgl. Riedel, 2010, Farbtafel IV).

Eine „saphirblaue Menschengestalt" – ein Mensch kann zerstörbar und kostbar sein wie ein Saphir – wird hier inmitten von zwei Energiekreisen geschaut, von einem mondhaft silbernen und einem sonnenhaft rotgoldenen,

Hildegardis-Codex, sogenannter Scivias-Codex, Szene: Die wahre Dreiheit in der wahren Einheit
(www.wikimedia.org)

einem lunaren und einem solaren gleichsam, einem männlichen und einem weiblichen Prinzip: Dieser Mensch wird von beiden Lichtkreisen durchdrungen, aber nicht verschlungen. Der saphirhafte Mensch könnte Christus sein. Zugleich erscheint er aber als ein eher weiblicher Typus, jedenfalls in diesem Bild. Es könnte Hildegard sein, zugleich der „Christus in ihr".

Ich schlage vor: Es ist der schöpfungsgemäße Mensch, der in den Flammen einer sonnenhaften Liebe steht und im Schimmer einer mondhaften Beseelung, durchdrungen, aber nicht verschlungen, klar geformt und voller Strahlkraft – wie ein Saphir. So ist der schöpfungsgemäße Mensch bei Hildegard, den ihre Bilder wieder entdecken.

Was hinzukommt bei Hildegard, ist die audio-visuelle Begabung, sodass sie innerlich nicht nur bildhaft schaut, sondern auch hört: Sie hört die Musik zum Bild, zum Wort, zur Sprache und so wird Geschautes und Gehörtes bei ihr eine Einheit. Sie hat zahlreiche Hymnen gedichtet und vertont. Da diese zugleich Gebete sind bzw. auch liturgische Stücke, so

Miniatur aus dem so genannten Lucca-Codex des „Liber divinorum operum": Vision der Schöpfung, um 1220/1230, Biblioteca Statale in Lucca (www.heiligenlexikon.de)

wurden sie als visionär empfangene Kompositionen schon zu Hildegards Lebzeiten auch in den Gottesdiensten eingebracht.

Hildegard war eine Meisterin im Umgang mit dem Wort, das sie im gleichen Sinn audio-visionär zu empfangen glaubte wie die Musik. So hörte sie die „Stimme Gottes" auf einzigartige Weise zu ihr sprechen:

Ich bin das heimliche Feuer in allem
und alles duftet von mir.
Und wie der Atem des Menschen,
Hauch der Lohe,
so leben die Wesenheiten
und werden nicht sterben,
weil ich ihr Leben bin.

Ich flamme als göttlich-feuriges Leben
über dem prangenden Feld der Ähren.
Ich leuchte im Schimmer der Glut.
Ich brenne in Sonne, in Mond und in Sternen.
Im Windhauch ist heimliches Leben aus mir
und hält beseelend alles zusammen.

Zit. n. Riedel, 2010, S. 13

So erfährt sie Schöpfung im Wort und im Bild. Hat man vor Hildegard je gehört, dass Gott dufte, dass er brenne und wehe – sie sieht, spürt und hört die ganze Natur erfüllt von seinem schöpferisch-lebendigen Atem. Ganz neu bringt sie uns die Schöpfung nahe: Eine ähnlich bedeutsame Schau in das Schöpfungsgeheimnis offenbart ihr das Grün als Farbe, als unerschöpfliche Keim- und Wachstumskraft, die sich in aller Vegetation, aber zugleich als innerste Wachstums- und Heilkraft für den Menschen erweist. So spricht sie vom „alleredelsten Grün", ja sogar vom heiligen Grün und vernimmt einen Hymnus auf das Grün:

> *O edelstes Grün,*
> *du wurzelst in der Sonne*
> *und leuchtest in klarer Heiterkeit*
> *im Rund eines kreisenden Rades,*
> *das die Herrlichkeit des Irdischen nicht fasst.*
> *Umarmt von der Herzkraft himmlischer*
> *Geheimnisse*
> *rötest du wie das Morgenlicht*
> *und flammst wie der Sonne Glut.*
> *Du Grün bist umschlossen von Liebe.*
> H. von Bingen, 1969, S. 258 f .

Die Heilkraft des Grün, also die Erneuerungskraft des Lebens, bildet zugleich die Grundlage dessen, was man heute gerne die „Hildegard-Medizin" nennt. Nicht Rezepturen und Kuren – weitgehend erst nachträglich Hildegard zugeschrieben, um sie zu legitimieren, – sondern ein Sich-Einschwingen in das Grün, auch imaginativ, und ein Sich-Einstimmen auf ein Gleichgewicht im Spannungsfeld der schöpferischen Kräfte, das war es, was Hildegard als Heilkraft sah und weitergab.

Zwei imaginative Anregungen sind von ihr überliefert: dass man bei geschwächten oder überanstrengten Augen hinausgehen solle auf eine grüne Wiese und sie solange anschauen möge, bis die Augen übergehen, bis die Tränen kommen; oder dass man auch bei allgemeinen Erschöpfungszuständen hinausgehen solle auf eine grüne Wiese, sich dort niederlegen und sich vorstellen, dass die Säfte und Kräfte der Pflanzen und Gräser dort, deren Grünkraft, auch in den eigenen Körper eindringen und ihn durchströmen würden, vor allem an den Stellen, die sich bis dahin als unlebendig und unverbunden mit dem Ganzen des Organismus anfühlten (vgl. Riedel, 2005, S. 170 ff.).

So ist uns schließlich auch eine audio-visionär empfangene Hymne Hildegards auf die heilende Kraft überliefert, in der sie als die schöpferische Kraft, die alle Natur durchpulst, erkennbar ist.

> *O heilende Kraft, die sich Bahn bricht,*
> *alles durchströmst du, die Höhen, die Tiefen*
> *und jeglichen Abgrund.*
> *Du bauest und bildest alles.*
> *Durch dich träufeln die Wolken,*
> *regt ihre Schwingen die Luft.*
> *Durch dich birgt Wasser das harte Gestein,*
> *rinnen die Bäche und dringt aus der Erde*
> *das frische Grün.*
> *Du auch führest meinen Geist ins Weite,*
> *gießest Weisheit in ihn*
> *und mit der Weisheit die Freude.*
> Böckeler, 1954, S. 384

Auch diesen Hymnus an die heilende Kraft hört sie audio-visuell als Lied. Hildegard ist in der damaligen Zeit, obgleich sie viele Krankheiten aus eigener Erfahrung und am eigenen Leibe kennengelernt hat, 82 Jahre alt geworden. Sie weiß ihre Gabe der Schau zu integrieren, fernab aller Gefährdungen durch Psychose. Schon in ihren Siebzigern schrieb sie, auf Bitte ihres damals neuen Sekretärs Wibert von Gembloux, bezeichnende Worte über ihre Gabe des Sehens:

Von meiner Kindheit an ... erfreue ich mich der Gabe dieser Schau in meiner Seele bis zur gegenwärtigen Stunde, wo ich doch schon mehr als 70 Jahre alt bin... Ich sehe aber diese Dinge nicht mit den äußeren Augen und höre sie nicht mit den äußeren Ohren. Auch nehme ich sie nicht mit den Gedanken meines Herzens wahr. Ich sehe sie vielmehr einzig in meiner Seele mit offenen leiblichen Augen, sodass ich dabei niemals die Bewusstlosigkeit einer Ekstase erleide, sondern wachend schaue ich dies, bei Tag und bei Nacht. In diesem Lichte sehe ich bisweilen, aber nicht oft, ein anderes Licht, das von mir das lebendige Licht genannt wird. Wann und wo ich es schaue, kann ich nicht sagen, aber solange ich es schaue, wird alle Traurigkeit und alle Angst von mir genommen, sodass ich mich wie ein einfaches junges Mädchen fühle und nicht wie eine alte Frau.
> H. v. Bingen, 1990, S. 226 f.

Die Erfahrung dieses lebendigen Lichtes ist ihre tiefste Verbindung mit der göttlichen Wirklichkeit, daran erkennbar, dass sie sich bei dieser Schau jeweils wie neu geboren fühlt.

Literatur

Böckeler, M. (Hrsg.) (1954): Hildegard von Bingen: „Wisse die Wege – Scivias". Salzburg: Otto Müller

Hildegard von Bingen (1965): Welt und Mensch (De operatione Dei). Die Kosmosschrift (liber Divinorum operum). Salzburg: Otto Müller

Hildegard von Bingen (1969): Lieder. Nach den Handschriften hrsg. von Pudentiana Barth, Immaculata Ritscher und Joseph Schmidt-Görg. Salzburg: Otto Müller

Hildegard von Bingen (1990): Briefwechsel. Nach den ältesten Handschriften übers. u. erläut. v. A. Führkötter OSB, Salzburg: Otto Müller

Hildegard von Bingen (1991): Scivias – Wisse die Wege. Hrsg. von Walburga Storch. Augsburg (auch Herder-Spektrum 4115)

Monachus, G. (1968): Das Leben der hl. Hildegard von Bingen. Düsseldorf: Patmos

Riedel, Ingrid (2005): Hildegard von Bingen. Prophetin der kosmischen Weisheit (erweiterte Neuausgabe 2014). Freiburg: Kreuz bei Herder

Riedel, Ingrid (2010): Mystik des Herzens. Meisterinnen innerer Freiheit. Freiburg: Kreuz bei Herder

Ingrid Riedel
Prof. Dr. theol., Dr. phil., Psychotherapeutin in eigener Praxis. Dozentin und Lehranalytikerin an den C. G. Jung-Instituten Zürich und Stuttgart, Honorarprofessorin für Religionspsychologie an der Universität Frankfurt/Main.

Die Visionssuche –
Faszination eines Rituals

Patrizia Heise

Ein Medicine Wheel (dt:. Medizinrad) ist ein heiliger Ort mehrerer Kulturen der Prärieindianer. Sie liegen in den nördlichen Great Plains, im Norden der Vereinigten Staaten und Süden Kanadas. In stilisierter Form wird das Medizinrad insbesondere von den Lakota als religiöses Symbol verwendet. (www.wikimedia.org)

Kehre Dein Auge nach innen! Dann wirst Du finden, daß viel' tausend Gebiete des Herzens immer noch unerforscht ruh'n. Dort sollst Du reisen und Dich belehren über die Welt, die in der Seele Dir lebt.

Thoreau, 1922

Visionssuche – Vision Quest, ein Übergangs- oder Initiationsritual bei uns im Westen? Das klingt erst einmal befremdlich. Was bringt Menschen mit westlich-kulturellem Hintergrund dazu, sich tagelang allein, fastend der Natur auszusetzen?

Das menschliche Leben ist durch Veränderungsprozesse gekennzeichnet. Die Lebensphasen der Kindheit und Adoleszenz werden abgelöst durch die Zeit des Erwachsenseins, des Alters und schließlich des Abschiedes. Traditionell wurden in den alten Kulturen die Übergänge von einer Phase in die nächste, durch Übergangs-Rituale, an denen die ganze Gemeinschaft teilnahm, begleitet. Überreste davon finden sich bei uns nur noch in sehr verflachter Form bei Taufen, Geburtstagen oder Heirat. Besonders auf dem Weg zum Erwachsenwerden fehlen für Jugendliche Initiations-

und Übergangsrituale. Die wenigen gesellschaftlich verankerten Rituale wie Kommunion bzw. Konfirmation sind heute eher Eingangstore in die Welt des Konsums.

Eine Gesellschaft, die dem Wahn der ewigen Jugend verfallen ist, die den „Puer Aeternus", einen Menschen, der nie erwachsen wird, als etwas Erstrebenswertes ansieht, kann Jugendlichen, die nach Autonomie streben und Leitbilder suchen, weder Orientierung noch Antworten auf Sinnfragen bieten. So findet Selbst-Initiation bei Jugendlichen heute zunehmend in destruktiver Form wie im Ausüben von Extremsportarten, in Mutproben wie dem S-Bahnsurfen und ungesicherten Balancieren auf hohen Gebäuden, Drogen- und Alkoholmissbrauch oder auch kriminellen Aktionen statt (vgl. Schöne, 2002). Die Visionssuche greift unter anderem diese Lücke auf.

Wurzeln

Die „Visionquest" war eine wichtige Zeremonie, die traditionell für Jugendliche an der Schwelle zum Erwachsenwerden bei den Indianerstämmen Amerikas durchgeführt wurde. Sie durchliefen dabei zunächst eine monatelange, von Ältesten des Stammes begleitete, Vorbereitungszeit. Danach sollten sie allein auf sich gestellt, abseits des Stammes, durch einen Prozess von Fasten und Isolation, in einer Art von Trancezustand ein „Gesicht", (lat. Visio), eine Vision ihres persönlichen Schutzgeistes und ihrer künftigen Rolle im Stamm erlangen.

Das Ritual war stark mit der Überzeugung schamanischer Kulturen verknüpft, dass das Universum, und alle natürlichen Objekte darin sowie alles Geistig-Seelische auf magische Weise miteinander verbunden sind. Nach ihrer Rückkehr wurden die Jugendlichen als erwachsene Stammesmitglieder von den Ältesten bestätigt, vom ganzen Stamm gefeiert und anerkannt. Nun konnten sie selbst eine Rolle als Leiter solcher Rituale übernehmen. Traditionelles Wissen wurde auf diese Weise innerhalb der Gemeinschaft weitergegeben und dabei beständig erneuert, sodass die Gemeinschaft intakt blieb. Die Visionssuche wurde au-

ßerdem von Schamanen zu Heilungszwecken benutzt, z. B. um verlorene Seelen zurückzubringen. Auch in unserer eigenen Kultur finden wir Hinweise auf schamanische Wurzeln und Überlieferungen von Ritualen, die dem Prototyp, dem auch die Visionssuche zuzuordnen ist, entsprechen wie z. B. die Gralssuche, die Reise des Odysseus, das Labyrinth oder der Gang in die Wüste.

Visionssuche heute

Die moderne Visionssuche weist die von van Gennep (1909) beschriebene typische dreiteilige Struktur von Transformationsprozessen auf: Trennung (Separation), Schwellenzeit (Liminalität) und Rückkehr (Aggregation), sowie die Elemente von Ausgeliefertsein in der Natur, Stille, Alleinsein und Fasten. Sie ist dennoch nicht unbedingt mit den Initiations- und Übergangsriten alter Stammeskulturen vergleichbar. Die Teilnehmer kommen freiwillig, mit dem Anliegen, sich selbst zu finden, mit etwas abzuschließen, persönliche Krisen zu durchleben oder Lebensziele zu klären.

Bei der modernen Form des Rituals handelt es sich zumeist um diejenige, die von den Psychologen Meredith Little und Steven Foster in den 80er Jahren in Kalifornien entwickelt wurde. Sie leiteten viele Jahre „Rites de Passage Inc.", eine gemeinnützige Organisation, die u.a. in der „Waschbärhütte" Jugendliche und Erwachsene in ihren Transformationsprozessen begleitete. In der „School of Lost Borders" wuchsen die verschiedenen Ansätze zusammen und wurden zu dem Ritual, wie wir es heute im Westen vorfinden.

Ablauf

Bei der grundlegenden Struktur der Visionssuche handelt es sich um zehn Tage in der Natur, von denen drei der Vorbereitung, vier dem Alleinsein in der Natur und drei der Nachbereitung dienen. Die Vorbereitungszeit beginnt bereits Monate vorher mit der Anmeldung zu einer Visionssuche. Der Teilnehmer beschäftigt sich damit, sein Anliegen zu klären, es als Frage zu formulieren und Tagebuch zu führen. In einer eintägigen Medizinwanderung übt er,

Foto: Galyna Andrushko (www.shutterstock.com, 9760822)

Zeichen, die ihm in der Natur begegnen, zu interpretieren. Ein Ritual kann nur eine äußere Hülle sein, es kommt darauf an, was der Teilnehmer mitbringt und hineinfüllt. Man geht davon aus, dass drei bis vier Tage Fasten, Alleinsein und das Sich-Aussetzen der Natur mit ihrem Wechsel von Wind, Wetter, Dunkelheit für einen gesunden, gut genährten Westeuropäer eine angemessene Form der Grenzerfahrung darstellen.

In unserer Kultur des Überflusses erzeugt u. U. bereits die Vorstellung, nur einen Tag auf Nahrung zu verzichten, Ängste. In der Vorbereitungszeit, die in einer Gruppe von „Questlern" unter Anleitung in einem Basislager stattfindet, werden letzte Anweisungen gegeben und der Ort erkundet. Jeder findet einen zu ihm passenden persönlichen Platz, an dem eine Plane, ein Schlafsack und genügend Wasser deponiert werden.

Dann findet im Morgengrauen die feierliche, symbolische Überquerung der „Schwelle" zum heiligen Raum der „Anderswelt" statt, wo ab jetzt die Schwellenzeit beginnt. Ein System von Zeichen, die an verabredeten Orten deponiert und vom Leiter der Visionssuche täglich kontrolliert werden, sorgt für die nötige Sicherheit. Nach vier Tagen und der letzten Nacht, die durchwacht wird, kehren alle in das Basislager zurück, wo wiederum die Schwelle zur „Zivilisation" symbolisch überquert wird.

Nach einer Dusche und Zeit zum Ankommen wird mit einem Fastenbrechen die Rückkehr gebührend gefeiert. Nun erzählt jeder Teilnehmer seine Geschichte im Kreis der Gruppe, sie wird gespiegelt und von der Gruppe bestätigt. Dies ist beinahe der wichtigste Part, denn hier geht es darum, das, was in dem besonderen Raum draußen geschehen ist, als wahr anzuerkennen, es auf die Ebene des Alltags zu bringen und die Geschichte der Innen-Reise gleichzeitig als die Lebensgeschichte zu begreifen.

Die tieferliegende Erkenntnis – das, was man als Vision bezeichnen kann – wird oft erst Wochen oder Monate später als solche erkannt. Therapeuten können am ehesten an dieser Stelle die ehemalige Rolle der Stammesältesten übernehmen und dabei helfen, die Bedeutung des Erlebten zu spiegeln, zu verstehen und zu integrieren. Visionssucheleiter verstehen sich als „Hebamme" für innere Prozesse.

Sehnsucht nach Ursprung

Die Visionssuche wird inzwischen für Menschen jeder Altersstufe angeboten, die sich in die Natur zurückziehen und die Zeit nehmen wollen, wichtige innere Anliegen zu klären. Damit steht sie in einem seit Jahren in den westlichen Industrienationen zu beobachtenden populären Trend von „zurück zur Natur". Sichtbar wird dies in den zunehmenden Angeboten in Bereichen Trekking, Pilgern, Wildnisschulen, Schamanismus, Schwitzhütten und Kräuterwanderungen.

Die Sehnsucht nach ursprünglicher Natur symbolisiert die Suche nach verlorener Ganzheit. War Wildnis bis ins 19. Jahrhundert noch ein Symbol für Unentdecktes, Chaos und Unbeherrschbarkeit und wurde ungezähmte Natur als lebensbedrohlich empfunden, wuchs mit der Industrialisierung, die sich zerstörerisch auf die Umwelt auswirkte, der Wunsch, die Natur zu bewahren und die Wildnis zu schützen. In der Sprache vieler traditioneller Kulturen, wie die der Indianer, gibt es kein Wort für Wildnis. In ihrem Bewusstsein existiert keine Trennung des Bereichs der Menschen von einer nicht bewohnten Wildnis, denn für sie war die gesamte Natur heimischer Lebensraum (vgl. Fischer–Rizzi, 2007, S. 5).

In Mitteleuropa sind große Teile des Waldes reiner Wirtschaftswald, in dem Fichte an Fichte steht, Wildnis ist ein bestimmtes Areal, in dem Natur vor dem Menschen geschützt werden muss, so wie offenbar auch in uns selbst das „Wilde" zurückgehalten, gezähmt und unterdrückt ist.

Die Natur, die Wildnis ist nicht mehr unsere Heimat. Die Hälfte der Erdbewohner lebt in betonierten Städten. Ein Urwaldgebiet führt uns vor Augen, wie fremd uns eigentlich das Wilde und generell das Ungeordnete geworden ist. Die Besitzer des Wirtschaftswaldes sehen im Ur-Wald gar eine Keimzelle von Krankheiten und Schädlingen und damit eine Bedrohung.

Hier spiegelt sich die Naturentfremdung des Menschen auch in der Angst vor Unkontrollierbarkeit und vor Verfall, mit dem man nichts zu tun haben möchte. Wird ein Wald als Naturreservat deklariert, muss er vor den Menschen geschützt werden und fortan dürfen ihn nur noch Forscher betreten. Die Trennung von Mensch und ursprünglicher Natur wird hier erst recht zementiert. Bewusst oder unbewusst leiden wir jedoch unter dieser Entfremdung und Spaltung. Die Sehnsucht nach der Natur, nach dem Wilden, birgt ein Bild von Ursprung, Lebendigkeit und Heilung in sich, das wir offensichtlich in uns tragen.

Reise nach Innen

Der amerikanische Schriftsteller, Philosoph und Mystiker Henry David Thoreau (1817-1862) war einer derjenigen, die bereits Anfang des 19. Jahrhunderts dieser Sehnsucht folgten. Er baute sich eine Hütte am See und lebte dort für zwei Jahre. Auf Anraten seines Freundes Emerson schrieb er ein Tagebuch. So notierte er 1839:

Ich möchte mit meinen Instinkten leben, einen ungetrübten Eindruck in die Natur bekommen und mit allen mir verwandten Elementen in freundlichem Einklang stehen.

Und einige Jahre später (1841):

Ich möchte am See in der Stille wohnen, wo mir nur das Rauschen des Windes im Röhricht erklingt. Ich werde gewinnen, wenn ich alles Äußerliche von mir abschüttele.

Er gibt ein Plädoyer dafür ab, sich regelmäßig in die Natur zu begeben:

Das Leben in unseren Dörfern würde bald ins Stocken geraten, gäbe es nicht die unerforschten Wälder und Wiesen ringsherum. Wir brauchen die Wildnis als Stärkungsmittel. Wir müssen bisweilen durch Sümpfe waten, wo die Rohrdommel und das Wasserhuhn sich verstecken. Wir müssen bisweilen den Schrei der Schnepfe hören, flüsterndes Röhricht riechen, in dem nur einsamere, wildere

Foto: Creaturart Images (www.shutterstock.com, 408571561)

Vögel ihre Nester bauen und wo die Sumpfotter mit dem Bauche dicht am Boden kriecht. ... Wir können nie genug Natur bekommen. Wir müssen uns an dem Anblick unerschöpflicher Kraft erquicken. ... Wir müssen sehen, wie unsere eigenen Grenzen überschritten werden, wie dort frei ein Leben weidet, wo wir nie wandern.

Thoreau, 1922, S. 102

Wie das Motto einer Visionssuche klingt das Fazit am Ende seines Experimentes:

Unser Reisen ist nur ein großes »Im- Kreise-Herumsegeln. ... Da will der eine nach Südafrika, um Giraffen zu jagen, ... Die Schnepfenjagd ist auch ein prächtiges Vergnügen. Doch ein edleres Spiel wäre die Jagd auf Dich selbst.

Thoreau, 1922, S. 682

Unsere keltischen Vorfahren hatten die Vorstellung eines magischen Gewebes, eines „Mantels der Wildnis" (Fischer-Rizzi, 2007, S. 9), den man sich rituell umlegt und dann mit allem, was lebt, verbunden ist. Naturvölker sind durchdrungen von der Gewissheit, dass alles mit allem verbunden ist und ein magisches Ganzes bildet, in dem nichts isoliert existiert. Menschen, Tiere, Götter, Sterne, Mutter Erde, das Unsichtbare und das Sichtbare, alles ist in dieser Sichtweise durch geistige Energien verbunden, so auch unsere Seele mit der Seele der Welt der „Anima Mundi".

C. G. Jung prägte den Begriff der Synchronizität für das sinnvolle, parallele Auftreten von scheinbar getrennten Ereignissen psychischer und physischer Natur. Wenn wir unsere Wahrnehmung für das Auftreten von Synchronizitäten erweitern, können wir eine tiefere und sinnhafte Verbindung mit der Natur erfahren und neues Vertrauen in unsere Intuition gewinnen, denn oft gelingt es nicht, ein Problem mit dem üblichen kausal-rationalen Denken zu lösen.

Solche Zeiten waren es, in denen Menschen früherer Zeiten hinaus in die Natur gegangen sind, um in der Einsamkeit einer Bergkuppe, einer Höhle oder auf einem Baum auf ihr Inneres, ihr Herz zu hören, mit den Wesen der Natur in einen Dialog zu treten und ein Zeichen zu finden. Auch Jung zog aus solchen unmittelbaren Erfahrungen viele seiner Erkenntnisse und entwickelte dabei die Methode der Aktiven Imagination. Dabei bemühte er sich, innere Erfahrungen in einen Bezug zu allgemein-menschlichem und empirischem Wissen zu setzen.

Archetypische Muster – die Heldenreise

Auch in unseren europäischen Märchen kennen wir die Geschichten vom ausziehenden Königssohn oder Müllersohn, der nach einem Kampf mit Riesen oder Drachen und einer langen, gefahrvollen Suchwanderung mit vielen Prüfungen zurückkehrt, wo er mit goldenen Äpfeln, dem Wasser des Lebens oder einer Prinzessin belohnt wird. Diese Helden im Märchen müssen in die Welt hinausziehen, Berge besteigen, Schluchten und Wildnis durchqueren, um daran zu wachsen.

Josef Campbell (2011) sammelte und beschrieb solche Mythen aller Kulturen und Zeiten und erkannte – Bezug nehmend auf die Archetypenlehre Jungs – eine immer gleiche, zugrunde liegende Struktur dieser „Heldenreise" genannten Suchwanderung, die er als Monomythos bezeichnete. Darin enthalten sind typische Elemente, wie der Weckruf, das Überqueren der Schwelle, die Begegnung mit den Hütern der Schwelle, die Wanderung in der „Anderswelt", Hindernisse, die auftauchen, und Wesen, die helfen, die Herausforderungen zu bewältigen.

Immer ist es für den Helden Zeit, sein bisheriges Leben, Sicherheit und Stagnation hinter sich zu lassen, eine Schwelle zu überschreiten und in die unbekannte Wildnis hinauszuziehen. Dort muss er Prüfungen bestehen und es mit Ungeheuern aufnehmen, weil es für die Rettung und das Fortbestehen der Gemeinschaft notwendig geworden ist. Auf der Reise lernt der Held, an sich zu glauben, seinem Schicksal zu vertrauen, und er kehrt schließlich mit einer Gabe, „dem Elixier", zurück, das die ganze Gemeinschaft erneuert (vgl. Heise 2016).

Der Reifungsweg des Helden ist der Weg des Ich auf dem Weg zum Selbst oder wie Jung es in der Analytischen Psychologie benannte, die Individuation. Die unterliegende Struktur ist auch das Strickmuster erfolgreicher Drehbücher für Kinofilme wie Starwars, Matrix oder Herr der Ringe.

Möglichkeiten und Grenzen der Visionssuche

Die Visionsreise und kürzere Formate, wie die eintägige Medizinwanderung, gehören zu einer Reihe wiederbelebter Naturrituale (vgl. Heisig, 2013), die sowohl in sich wirksam sind als auch Ergänzung und Bereicherung einer Therapie sein können. Sie stellen einen Rahmen für Transformation und Selbstheilung zur Verfügung, in dem eine lebendige und dazu noch sinnlich erfahrbare Begegnung mit den „Schatten-Monstern" des eigenen Unbewussten möglich wird.

Wer sich ungeschützt Wind, Wetter, Regen, Hitze und Kälte aussetzt, spürt die Größe der Natur und die Zerbrechlichkeit seiner Selbstbilder und Rollen. Die Teilnehmer kehren in der Hingabe an die Natur zu sich selbst zurück, den eigenen Wurzeln, Dämonen und Ängsten.
Koch-Weser, v. Lüpke, 2000, S. 71

Das Ausgeliefertsein, Fasten und Alleinsein sind wirksame Instrumente, die helfen, Masken schnell abfallen zu lassen und Menschen mit ihren Ur-Ängsten und Grenzen zu konfrontieren. Belohnt wird diese Mühe mit der Findung und Bestätigung von Identität und ureigenen vorhandenen Gaben und Kräften. Koch-Weser und v. Lüpke raten jedoch Personen, die wenig oder gar nicht in Kontakt mit ihren Emotionen sind, in Gefahr sind in Psychose zu geraten, sich selbst zu schädigen, oder die schwer depressiv sind, von der Teilnahme an einer Visionssuche ab. Auch als schnelle Problemlösung oder Mittel zur Veränderung von eingefahrenen neurotischen Verhaltensmustern eignet sich die Vision-Quest nicht. Sie ist keine Magie, die langwierige und harte Arbeit abnehmen kann.

Erfahrungen

Die Psychotherapeutin Anne Yeomans schildert in einem Interview (Website der School of lost Borders) ihre Ängste vor dem Fasten und dem Alleinsein draußen bei Nacht. Sie verirrt sich und findet durch „zufällige" Führung wieder zurück. Das Leben draußen, das sich nur am Wechsel von Tag und Nacht, Sonne und Mond orientiert, lässt sie die Bedeutung der natürlichen Rhythmen für unsere Vorfahren erkennen. Ein Gefühl von großer Ruhe, Staunen und Zeitlosigkeit breitet sich aus. Sie lernt etwas über Angst, Vertrauen und über das Sein im gegenwärtigen Moment. Ein anderer Teilnehmer begegnet dem, was er vorher als größten Albtraum bezeichnet hatte: einer Schlange. Er findet in der Konfrontation mit seiner real gewordenen Urangst ein Stück weit zu Mut und Selbstvertrauen zurück und bringt ein Lied mit, dass er den anderen nach der Rückkehr vorsingt.

Fazit: Das Ritual der Visionssuche kann wertvolle Unterstützung für Wachstumsprozesse und Lebensübergänge sein und darüber hinaus auch ein Bewusstsein davon vermitteln, dass wir, wie die Tiefenökologin Joana Macy (2003) es ausdrückt, nicht getrennt sind vom Netz des Lebens, das alles verbindet. Mittlerweile hängt nicht weniger als unsere weitere Existenz auf diesem Planeten davon ab, ob wir es als Menschheit schaffen, die Erde und alles Leben darauf nicht länger nur als Rohstofflager zu betrachten, sondern uns wieder als Teil eines lebendigen Ganzen zu sehen und zu einer nachhaltigen, intelligenten Lebensweise zu finden, die moderne Technologie mit traditionellem Wissen verbindet.

Literatur
Campbell, J. (2011/1949): Der Heros in tausend Gestalten. Berlin: Insel. Original: Bollingen Foundation NY. 1949.
Fischer-Rizzi, S. (2007): Mit der Wildnis verbunden. Kraft schöpfen, Heilung finden. Stuttgart: Kosmos
Foster, S., Little, M. (2012): Visionssuche. Das Raunen des Heiligen Flusses. Sinnsuche und Sinnfindung in der Wildnis. Uhlstädt-Kirchhasel: Arun
Heise, P. (2016): Die Heldenreise als tiefenpsychologisch-mythologisches Modell. In: Hofmann L., Heise P. Spiritualität und spirituelle Krisen. Handbuch zu Theorie, Forschung und Praxis. Stuttgart: Schattauer, S. 112-124.
Heisig, M. D. (2013): Sinn finden in der Natur. Heilsame Rituale für Lebensübergänge. Ostfildern: Patmos
Koch-Weser, S., v. Lüpke G. (2000): Visionquest. Visionssuche: Allein in der Wildnis auf dem Weg zu sich selbst. Kreuzlingen, München: Ariston Hugendubel
Macy, J., Brown, M.Y. (2003): Die Reise ins lebendige Leben. Strategien für den Aufbau einer zukunftsfähigen Welt. Paderborn: Junfermann
Schöne, R. (2002): Jugendliche an der Schwelle zum Erwachsensein. Visionquest als Initiationsprozess. Diplomarbeit bei Dr. K. Schneider, EFH Freiburg. Institut für Sozialpädagogik
Stein, M. (2013): C. G. Jungs Landkarte der Seele. Ostfildern: Patmos
Thoreau, Henry David (1922): Walden oder Leben in den Wäldern. Übersetzung von J. Schulze auf Grundlage des Textes von Wilhelm Nobbe. Jena: Diederichs
http://schooloflostborders.org/content/interview-psychotherapist-anne-yeomans.

Patrizia Heise
Diplom-Psychologin, M.A., Religionswissenschaftlerin und Psychotherapeutin; niedergelassen in eigener Praxis in Hausach und Freiburg i. Br.; Dozentin am C. G. Jung-Institut Küsnacht, CH.
Berufliche Schwerpunkte: Analytische Psychotherapie nach C. G. Jung, Arbeit mit Träumen, Integration spiritueller Erfahrungen in die persönliche Entwicklung, Innere Systeme nach Tom Holme.

Das visionäre filmische Meisterwerk „2001: Odyssee im Weltraum" von Stanley Kubrick aus dem Jahre 1968, das u.a. die evolutionären Etappen der Bewusstseinsentwicklung darstellt, endet mit dieser Szene: ein Embryo im Angesicht der Erde. Es ist ein eindrückliches Meditationsbild, das uns mit der Frage konfrontieren kann: Wozu bin ich geboren worden? Was und wie könnte ich dazu beitragen, die Evolution zu fördern?

Folgende Anregungen können uns bei der Beantwortung dieser Fragen helfen:

- Es gab und gibt auf diesem Planeten nur ein einzigen Menschen, der genauso ist, wie ich heute bin, nur einen Menschen, der genau das tun kann, was ich tun kann. Was ist das?

- Was ist meine größte Sehnsucht? Was will ich zuallertiefst wirklich wirklich ...?

- Was tue ich schon seit meiner Kindheit immer gerne, was fällt mir leicht, was macht mir Freude? Womit möchte ich am liebsten meine Zeit verbringen, immer wieder und jeden Tag? Womit kann ich stundenlang beschäftigt sein und dabei alles vergessen? Wobei fangen meine Augen an zu leuchten, wenn ich darüber erzähle?

- Welche Menschen sind heute meine Vorbilder? Was mag ich an ihnen? Welche Fähigkeiten hätte ich auch gerne, welche Eigenschaften machen diese Menschen anziehend für mich?

- Wenn ich genügend Geld hätte und tun könnte, was immer ich wollte, was würde ich dann am liebsten tun?

- Wie würde ich in zehn Jahren am liebsten leben, welche Eigenschaften und Fähigkeiten hätte ich bis dahin am liebsten entwickelt und wie würde ich mir meinen inneren Zustand wünschen?

- In hohem Alter schaue ich auf mein Leben zurück. Was würde ich gerne erfahren und verwirklicht haben? Was möchte ich auf keinen Fall versäumt haben?

Die Vision im Verständnis der Tiefenpsychologie

Zehn Thesen für eine natürliche und zeitgemäße Religiosität

Rolf Kaufmann

Die Bedeutung der Vision in der Vergangenheit

Vor einem halben Jahrhundert veröffentlichte der Marburger Kirchenhistoriker *Ernst Benz* sein in drei Jahrzehnten erarbeitetes Hauptwerk: *Die Vision*. Es konfrontierte die kopflastige Theologie auf 694 Seiten mit einer religiösen *Urerfahrung*. Sein über die Reformation hinausgehendes „Zurück zu den Wurzeln!" war ein Meilenstein auf dem Weg zu einer zeitgemäßen, empirisch fundierten Wertschätzung der Vision.

In *Monotheismus — Entstehung, Zerfall, Wandlung* zeige ich, dass Visionen für jede Religion von zentraler Bedeutung waren: Echnaton (König in Ägypten 1351-1335 v.Chr.), Zarathustra (Begründer der Religion des Perserreichs), Moses und die Propheten, Jesus und die Apostel, Konstantin (römischer Kaiser 306-337) und Mohammed (570-623) – sie alle waren Visionäre.

Die Vision genoss bei allen alten Völkern hohes Ansehen, weil sie Einblick gab in die „andere Welt", auf deren Gunst man auf Gedeih und Verderb angewiesen war. Weil sich in ihr das Jenseits offenbarte, gehörte die Vision zum Kern der Religion. Sie war darum ein integraler Bestandteil der archaisch-mythischen Mentalität, die einst überall auf der Welt herrschte, von der Altsteinzeit bis zum Beginn der Neuzeit.

Im Vergleich zu den Jahrzehntausenden des archaischen Äons ist die säkulare Moderne, die die Bedeutung der Vision herabmindert, nur ein Augenblick – aber ein entscheidender.

Vor einem halben Jahrtausend begannen die Jenseitsvorstellungen in Europa zu verblassen. Ganz langsam, kaum wahrnehmbar, rückte das Diesseits ins Zentrum. Dieser als Säkularisierung bezeichnete Prozess erfasste zunächst nur die Gebildeten, mit der Zeit aber alle Bevölkerungsschichten. Heute globalisiert er. Diese Entwicklung ist unaufhaltsam und irreversibel. In Zukunft werden die traditionellen, dem Jenseits verpflichteten Kollektiv-Religionen durch eine individuelle, natürliche Spiritualität ersetzt werden.

Die Bedeutung der Vision in der Gegenwart

Infolge des radikalen Paradigmenwechsels erhält das Wort „Vision" eine neue Bedeutung: Ein heutiger CEO, der eine „Vision" hat, hat einen guten Einfall, wie der Umsatz seiner Firma zu steigern wäre. Seine Idee verdankt er nicht dem Himmel, sondern seinem klugen Kopf. Visionen sind nicht mehr Einfälle von drüben, sondern „eigene" Gedanken.

Damit verschwindet die Wertschätzung der Vision, die den Sterblichen die Pläne des Himmels offenbarte. Was heute zählt, sind empirisch fundierte Erkenntnisse. Das Interesse verlagerte sich während der Neuzeit von der Vertikalen auf die Horizontale: Exerzierfeld des Denkens ist nicht mehr das Jenseits, sondern das Diesseits. Die Frage der Wissenschaft lautet nicht mehr: „Wie komme ich in den Himmel?", sondern: „Wie funktioniert diese Welt?" Das Jenseits wurde im Verlauf der Neuzeit zur „quantité négligeable".

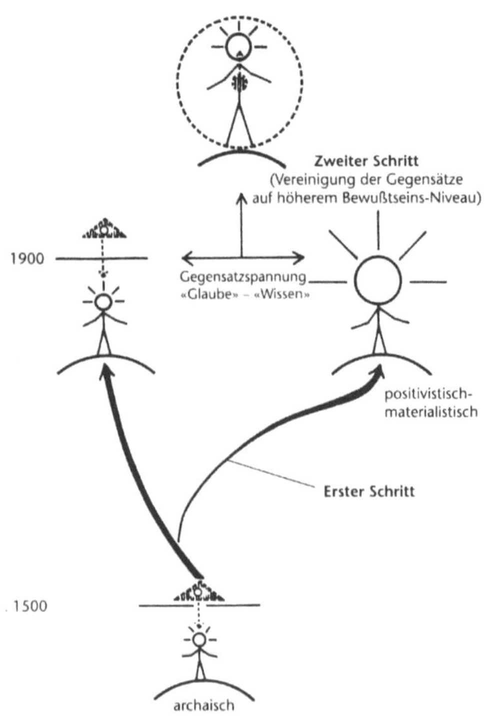

Schritte der Bewusstseinsevolution nach Willy Obrist.

Mit den Entdeckungen der Tiefenpsychologie begann ein neues Zeitalter, das die beiden vorangehenden zu integrieren vermag.

Evolution und Mutation des Bewusstseins

Die oben wiedergegebene Grafik fasst die bisherigen Schritte der Bewusstseinsevolution, wie sie von Willy Obrist beschrieben wurden, zusammen (z. B. Obrist, 2006):

Das menschliche Bewusstsein brachte bisher drei grundverschiedene, je in sich geschlossene, nicht miteinander zur Deckung zu bringende Weltbilder hervor, nämlich:

- Zunächst herrschte das archaisch-mythische Weltbild von der Altsteinzeit bis zum Beginn der Neuzeit vor; Subjekt und Objekt waren noch nicht ausreichend differenziert, innerpsychische Prozesse wurden nach außen projiziert oder konkretistisch aufgefasst.

- Im Prozess der Bewusstsmutation trennten sich mythische und positivistisch-materielle Auffassungen und stan-

den schließlich unversöhnlich nebeneinander. Nach positivistischer Ansicht besteht die Welt aus „Materie"; Gottes Geist wird durch die menschliche Vernunft ersetzt. Das bedeutet der aufgeblasene Kopf in Obrists Grafik. Positivisten leben kopflastig. Der Gegensatz von Jenseits und Diesseits wurde zum Gegensatz von Vernunft und Welt. Der Positivismus hält Visionen für fantastische, aus den Fingern gesogene Einbildungen.

- Mit den Entdeckungen der Tiefenpsychologie begann ein neues Zeitalter, das die beiden vorangehenden Auffassungen integriert. Die Tiefenpsychologie ist ein neuer Typus von Wissenschaft, der Geistes- mit Naturwissenschaft, „Glaube" mit rationaler Erkenntnis versöhnen kann. Dadurch entsteht ein neues, empirisch fundiertes, mit der heutigen Wissenschaft kompatibles Verständnis der Vision, das diese wieder aufwertet.

Die Vision im Verständnis der Tiefenpsychologie

Die Tiefenpsychologie erforscht das Phänomen der Vision seit einem Jahrhundert, life und literarisch, bei heutigen Visionären wie in Zeugnissen der Vergangenheit.

Dem neuen Verständnis der Vision liegt ein neues Psyche-Modell zugrunde. Marie Louise von Franz vergleicht die Psyche mit einer dunklen, weitgehend unbekannten Kugel. Auch Freud sagt, wir seien nicht „Herr im eigenen Haus", sondern kennten nur jenen Bereich der Psyche, der vom Ich erhellt wird (das *Ich* nennt von Franz hier englisch Ego; C. G. Jung bezeichnete es auch als den „subjektiven Geist" bzw. „Menschengeist").

Dem Ich steht das Selbst gegenüber, ein objektiver, natürlicher Geist. Das Selbst meint die Ganzheit der Persönlichkeit, auch seine Innerlichkeit, das Grundgefühl allen Lebens. A. Weber (2014) sagt: „Alles fühlt." Alles, was lebt, besitzt ein Selbst, eine informationsverarbeitende, zentrale Führungsinstanz. Das Selbst

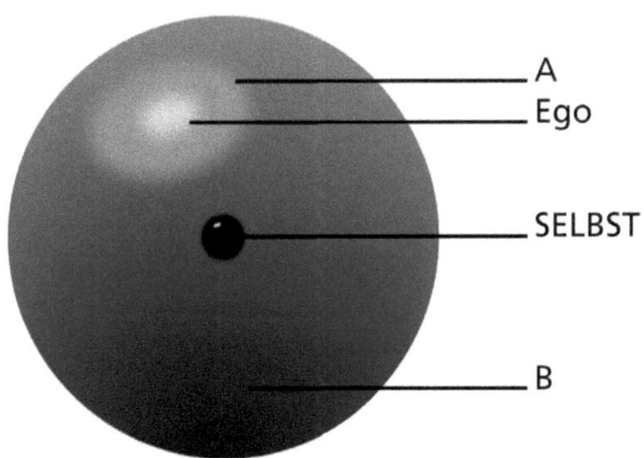

Die Psyche ist mit einer Kugel zu vergleichen, die auf ihrer Oberfläche ein helles Feld (A) hat, welches das Bewusstsein darstellt. Das Ego ist das Zentrum des Feldes (bewusst ist etwas nur dann, wenn «ich» es weiss). Das Selbst ist der Kern und gleichzeitig die ganze Kugel (B).

komponiert auch Träume und Visionen. Diese wurden von den Alten noch konkretistisch aufgefasst und als Botschaften von „drüben" verstanden. Für die Tiefenpsychologie ist dieses Jenseits ein inneres Jenseits-des-Bewusstseins. Die Vorstellung, der übernatürliche Himmel liege außerhalb dieser Welt, beruht auf der Projektion einer inneren, psychischen Realität nach außen.

Wenn das Jenseits in den Seelengrund zurückgeholt wird, werden Einblicke in den Himmel zu Einblicken in die unbewusste Psyche, wo ein kreativer Genius Nacht für Nacht Geschichten ausheckt, um das Ich darüber ins Bild zu setzen, was sich im Unbewussten tue. Wer die Informationen aus dem Innern ernst nimmt, beschreitet nach Freud die *via regia*, den Königsweg zur Erkenntnis der Psyche.

Visionen sind heute keine übernatürlichen Phänomene mehr. Sie wurden einst für solche gehalten, weil sie sehr eindrücklich sind und den menschlichen Geist aufwühlen. Darum glaubten die Visionäre, Gott rede mit ihnen. Visionen galten als numinos (lat. numen: göttliches Wesen). Ihre Erfahrung war fascinosum et tremendum: beglückend und erschreckend zugleich.

Heute werden Visionen oft verschwiegen, weil viele Visionäre befürchten, ihretwegen für „ver-rückt" gehalten und mit der Diagnose: „Er halluziniert ja!" in eine psychiatrische Klinik eingewiesen zu werden.

Während Jahrzehntausenden geschätzt, fristen Visionäre heute ein Aschenputtel-Dasein. Die tiefenpsychologische Erfahrung zeigt aber, dass Visionen gesunder Menschen in der Regel therapeutisch wirken, weil sie das Ich mit dem natürlichen Seelengrund rückkoppeln. Große Visionen sind nicht nur für den Visionär selber, sondern auch für seine Umgebung von Bedeutung.

Wie könnte nun eine moderne natürliche Spiritualität aussehen, in der religiöse Symbole, Träume und Visionen wieder ihren adäquaten Ort finden? Dazu formuliere ich zehn Thesen:

1. Ursprung der Religion

Der Mutterboden aller religiösen Vorstellungen ist die menschliche Psyche, die sich in der unvorstellbar langen Zeit der Evolution aus einfachsten kognitiven Systemen entwickelt hat. Die biologische Evolution ging beim Menschen nahtlos in die Bewusstseinsevolution über; die Grenze zwischen Natur- und Kulturgeschichte war fliessend.

Die Tiefenpsychologie nach C. G. Jung unterscheidet zwei Bereiche der Psyche. Den älteren, naturgewordenen Teil nennt sie das (kollektive) Unbewusste; den jüngeren, weitgehend kulturbedingten Teil nennt sie das Bewusstsein, das mit dem Ich verbunden ist. Dieses war bisher sehr erfolgreich; ob es sich weiterhin bewährt, wird sich weisen.

2. Bewusstseinsevolution

Wie alles im Universum entwickelte sich auch das Bewusstsein aus einer ursprünglich einfachen zu einer immer komplexeren Gestalt. Dasselbe gilt für die vom Bewusstsein geschaffene Kultur. Darum schreitet nicht nur die Bio-Evolution, sondern auch die kulturelle und religiöse Entwicklung unaufhaltsam und irreversibel voran. Life is Evolution.

Zurzeit findet eine Mutation des Bewusstseins statt, die unter Geburtswehen globalisiert. Bisher entstanden drei verschiedene, je in sich geschlossene und nicht mit einander kompatible Grundformen von Kultur:

1. Der archaisch-mythische Typ (These; Altsteinzeit bis Spätmittelalter).

2. Der positivistisch-rationalistische Typ (Antithese; seit der Aufklärung).

3. Der integrale Typ (Synthese; Zukunft).

Die Evolution des Bewusstseins schreitet nicht linear, sondern dialektisch voran, nach dem Muster: «These ? Antithese ? Synthese.»

Die zwei Schritte der Mutation sind ein tief reichendes: «Stirb und Werde!» Zuerst wird das archaisch-mythische, dann das positivistische Zeitalter verschwinden.

3. Natur und Religion

Ursprünglich half den Lebewesen ihr unbewusster schöpferischer Geist, der Instinkt, den Kampf ums Dasein zu bestehen und immer neue Überlebens-Strategieren zu entwickeln. Bei höher entwickelten Arten kam mit der Zeit bewusstes, individuelles Lernen hinzu. Da die menschlichen Instinkte nur mehr vage ausgebildet sind, erteilen sie keine klaren Weisungen. Die Lücke füllen Kultur und Religion, indem sie die Instinkte durch kollektiv verbindliche Gebote angeblich übernatürlicher Wesen ergänzen. In der Neuzeit entfremdete sich der Mensch dem Instinkt und der Natur. Die künftige Spiritualität wird ihn wieder mit der Natur in und um sich vernetzen.

4. Wende nach innen

Das Selbst ist ein vollwertiges Äquivalent zum menschennahen, persönlichen Gott der Alten. Die menschliche Psyche ist der während der Evolution entstandene Geistaspekt der menschlichen Natur; der weitaus größte Teil der Psyche ist uralt und funktioniert unbewusst. Menschliches Bewusstsein ist – evolutionsgeschichtlich gesehen – noch sehr jung. Im Kampf ums Überleben hat das Selbst das grössere Knowhow als das Ich, ein noch unerfahrener Newcomer der Evolution. Das Ich kann sich durch die Wende nach innen mit dem Seelengrund verbinden. Die Introversion, die Ich und Selbst rückkoppelt, besteht in der Achtsamkeit gegenüber inneren Wahrnehmungen.

5. Abschied vom Jenseitsglauben

Die Vorstellung eines ausserhalb des Menschen liegenden Jenseits wurzelt im archaischen Konkretismus: Innerlich wahrgenommene Bilder wurden früher als konkret existierende Dinge verstanden und in ein unsichtbares, mysteriöses Jenseits projiziert, das sich ausserhalb der Welt zu befinden schien. Die Alten nahmen ihr Inneres in der Projektion wahr. Diesen Tatbestand kann erst die moderne Tiefenpsychologie wirklich durchschauen und empirisch nachweisen. Visionen geben darum nicht Einblick ins Jenseits, sondern in die unbewusste Psyche. Die Rücknahme der Projektion verwandelt das Jenseits in ein inneres «Jenseits-des-Ichs»: ins Unbewusste, in dem sich autonome, vom Ich unabhängige Komplexe tummeln. Die Tiefenpsychologie klappt das Jenseits der Alten ins Diesseits herein und verortet es in der Psyche, seinem Ursprung.

Im uralten Dualismus: „Diesseits/Jenseits" spiegeln sich die psychischen Pole: „Bewusst/unbewusst" bzw. „Ich/Selbst". Das neue Weltbild ist nicht mehr dual, sondern unistisch: Es gibt nur eine einzige, natürliche Wirklichkeit. Die Übernatur der Alten entfällt.

6. Offenbarungen verblassen

Die Religionen glauben, ihre Offenbarungen entstammten dem Jenseits. Darum halten sie diese für ewig gültig und erklären sie für tabu. Weil sie meinen, sie müssten einen unvergänglichen Schatz hüten, sind sie konservativ. Nun wies die Tiefenpsychologie aber nach, dass Träume und Visionen zum Informationsfluss vom Selbst zum Ich gehören. Visionen sind zwar eindrucksvolle, aber natürliche Vorgänge. Wegen ihrer Eindrücklichkeit wurden sie früher für Offenbarungen von drüben gehalten. Da sie sich aber ad hoc ereignen und auf konkrete Situationen eingehen, sind sie dem Wandel der Zeit unterworfen. Große Offenbarungen bestimmen zwar ganze Äonen; doch mit deren Ende verblassen auch sie. Die alten Kollektiv-Religionen, die der Übernatur verpflichtet waren, mutieren in individuelle, natürliche Religiosität. Der Wandlungsprozess ist ein echtes „Stirb und werde!"

7. Keine Materie ohne Geist

Im Weltbild der Alten wurde die Welt angeblich von jenseitigen Geist-Wesen erschaffen; nach heutiger Erkenntnis wird sie vom kreativen Geist der Natur hervorgebracht. Das neue Weltbild ist monistisch: Das Sein ist ein einziges mit zwei Aspekten, einem geistigen und einem materiellen. „Es gibt keinen Geist ohne Materie und keine Materie ohne Geist." (Obrist 2015)

8. Seelenheil

C. G. Jung hat der Menschheit den Weg zu einer zeitgemäßen Religiosität erschlossen. Der Wandel nimmt Jahrhunderte in Anspruch. Der alte Heilsweg der Seele zum ewigen Leben wird in Zukunft durch den Individuationsprozess ersetzt werden. Nun muss der Mensch nicht mehr heilig, sondern darf heil und ganz werden. Aus dem ewigen Leben dort drüben wird ganzheitliches Leben hienieden. Dazu gehört die Bemühung um Bewusstwerdung: die Integration des Schattens (das «Gesellenstück») und die bewusst gestaltete Verbindung zum eigenen Seelengrund (das «Meisterstück»).

9. Kränkungen

Die Entdeckungen der modernen Wissenschaften führten zur Erosion des archaisch-mythischen Weltbildes und der auf diesem basierenden Religion. Nach Freud waren die Entdeckungen von Kopernikus, Darwin und der Tiefenpsychologie drei schwere Kränkungen der Religion durch die Wissenschaft. Eine weitere Kränkung ist die Erkenntnis, dass der Glaube an ein persönliches Weiterleben nach dem Tod auf einem Irrtum beruht: Wenn die Neuronen im Frontallappen des Gehirns nicht mehr feuern, erlöscht das Bewusstsein und mit ihm das Ich. Mit dem Zerfall des Leibes zerfällt auch die Psyche. Was vom Leib der Verstorbenen übrig bleibt, recycelt die Natur; ihr Geist lebt in der Erinnerung der Hinterbliebenen weiter. Doch auch diese verblasst; selbst in Stein gemeisselte Namen verwittern. Dereinst wird sogar unsere Sonne verlöschen – und mit ihr alles Leben auf Erden. Es gibt nichts Ewiges; der ewige Wandel ist das einzig Beständige.

10. Sinn des Lebens

Im Selbst pulsiert die Evolution. Durch zeitgemäße Religiosität lernt der Mensch, naturgemäß zu leben und sich schöpferisch in die kulturelle Evolution einzubringen. Das Universum übersteigt menschliches Verstehen, ist aber auf die Kreativität des Seins und nicht mehr auf einen weltüberlegenen Schöpfergott zurückzuführen.

Ob das Leben an sich einen Sinn habe, kann niemand wissen. Wir verleihen unserem Leben Sinn, wenn wir uns nach innen wenden und uns um Bewusstwerdung bemühen. Dann leben wir evolutionsgemäss und finden unseren Platz im grossen Ganzen der Natur. Das macht Sinn. Für spirituelle Menschen besteht der Sinn des Lebens in der Erfahrung des Numinosen, mit Goethe gesagt: „Gefühl ist alles; Name ist Schall und Rauch." (Goethe, Faust I, 3457)

Literatur
Benz, E. (1969): Die Vision - Erfahrungsformen und Bilderwelt. Stuttgart: Klett
Kaufmann, R. (2006): Alte und neue Religiosität: ABC einer Metamorphose. Stuttgart: opus magnum
Kaufmann, R. (2015): Monotheismus - Entstehung, Zerfall, Wandlung. Stuttgart: opus magnum
Obrist, W. (2006): Die Mutation des europäischen Bewusstseins - eine Kurzfassung des Gesamtwerks. Stuttgart: opus magnum
Weber, A. (2014): Alles fühlt - die Revolution der Lebenswissenschaften. Klein Jasedow thinkOya

Rolf Kaufmann
Jahrgang 1940, Theologe, dipl. analytischer Psychologe, Autor, Meditationslehrer, Dozent am ISAP Zürich.

C. G. Jung berichtet in seinen Erinnerungen von einem Traum, in dem er einen in der Versenkung befindlichen Yogin sah, der sein Gesicht hatte. „Ich erschrak zutiefst und erwachte an dem Gedanken: Ach so, das ist der, der mich meditiert. Er hat einen Traum, und das bin ich. Ich wußte, daß wenn er erwacht, ich nicht mehr sein werde."
Jung folgerte daraus, dass das weitgehend unbewusste Selbst das eigentlich Wirkliche ist und dass unsere Ich-Bewusstseinswelt eine Art Illusion oder eine scheinbare, zu einem bestimmten Zweck hergestellte, Wirklichkeit darstellt, etwa wie ein Traum, der auch solange Wirklichkeit zu sein scheint, als man sich darin befindet.
„Die unbewußte Ganzheit erscheint mir daher als der eigentliche Spiritus rector alles biologischen und psychischen Geschehens. Sie strebt nach totaler Verwirklichung, also totaler Bewußtwerdung im Fall des Menschen. Bewußtwerdung ist Kultur im weitesten Sinne und Selbsterkenntnis daher Essenz und Herz dieses Vorgangs. Der Osten mißt dem Selbst unzweifelhaft «göttliche» Bedeutung bei, und nach alter christlicher Anschauung ist Selbsterkenntnis der Weg zur cognitio Dei.
Die entscheidende Frage für den Menschen ist: Bist du auf Unendliches bezogen oder nicht? Das ist das Kriterium seines Lebens. Nur wenn ich weiß, daß das Grenzenlose das Wesentliche ist, verlege ich mein Interesse nicht auf Futilitäten und auf Dinge, die nicht von entscheidender Bedeutung sind. [...] Letzten Endes gilt man nur wegen des Wesentlichen, und wenn man das nicht hat, ist das Leben vertan."

C. G. Jung, Erinnerungen, S. 326 f.

Nikolaus von Flüe

Visionen auf dem Individuationsweg

Horst Obleser

Eine Vision kann für sich allein stehen. Es gibt jedoch auch Visionen, die im Leben wie eine Perlenkette auftauchen und jeweils variierende Botschaften enthalten. Diese zweite Variante findet sich besonders bei Niklaus von Flüe. Er ist einer der Menschen, die schon früh in ihrem Leben ein Gefühl und eine Vorstellung entwickeln, wie das spätere Leben aussehen könnte. Schon früh fühlte er sich von Visionen geführt, auch wenn er immer schwer darum ringen musste, welche Folgerungen er aus dem Geschauten und Erfahrenen ziehen sollte. So waren seine Visionen bedeutsame Elemente bei seiner Individuation.

Bruder Klaus, wie er auch genannt wurde (1417 - 1487, Flüeli bei Sachseln im Kanton Obwalden), lebte in der Nähe des Vierwaldstädter Sees, war ein schweizer wohlhabender Bauer und auch für eine Zeit Ratsherr des Kantons und Richter seiner Gemeinde. Er gab sich von seinem 50. Lebensjahr an völlig seinen religiösen Exerzitien hin und lebte ab 1467 als Einsiedler, Asket und Mystiker. Durch seine moralische Autorität und Integrität wurde er zu einem wichtigen politischen Ratgeber und Vermittler und wird als Schutzpatron der Schweiz angesehen.

Natürlich verbirgt sich hinter solchen biografischen Fakten eine Entwicklung, die ihrer Dramatik nicht entbehrt. Schon als Knabe zeigte er eine ausgeprägte Introversion, war gerne allein oder suchte gar die Einsamkeit, fastet regelmäßig und aß dabei nur trockenes Obst o.ä.. Nach äußerlich unauffälligen Entwicklungs- und Ehejahren geriet er im 50. Lebensjahr (1467) in eine schwere Krise, die sich schon über längere Zeit angebahnt hatte. Er verließ nach heftigen Zweifeln und

Altarbild, 1492, ehemals in der Pfarrkirche, heute gegenüber im Museum Bruder Klaus in Sachseln (www.heiligenlexikon.de)

Suchen mit Einverständnis seiner Frau seine Familie, um als Einsiedler Richtung Hochrhein seinen Weg zu suchen. Doch bei Liestal (in der Nähe von Basel) erlebte er eine eindringliche Vision, kehrte um und ließ sich in unmittelbarer Nähe seines Hauses in der Ranftschlucht als Einsiedler nieder. Hier lebte er angeblich die letzten 19 Jahre, nahm außer der heiligen Kommunion und Wasser nichts zu sich.

Das Besondere im Leben von Niklaus von Flüe aber sind seine Visionen. Davon sind einige überliefert, auch wenn anzunehmen ist, dass er noch weitere hatte, die er nicht mitgeteilt hat. Untersucht man diese Visionen und seinen Versuch, diese zu verstehen und seine Antworten darauf zu finden, so fällt auf, wie er geradezu begierig ist, von Gott Hinweise zu bekommen, wie er seine Haltung und sein Leben auf diesen hin ausrichten soll. Und was in der Mystik als die „Dunkle Nacht der Seele" genannt wird, durchlitt er besonders in der Zeit vor 1467. In diesen Jahren waren ihm sogar seine Frau und die Kinder lästig. Ein befreundeter Priester empfahl ihm schließlich das Betrachten und Nachvollziehen der Leiden Jesu, was er von da an regelmäßig und intensiv praktizierte.

Seine Visionen
Übermittelt sind uns elf Visionen, zu denen auch zwei vorgeburtliche gehören. Die genaue zeitliche Einordnung der Visionen erweist sich als schwierig. Untersucht man jedoch aus den in ihnen berichteten Motiven, so wird darin erkennbar, wie Niklaus aus der Tiefe seines SELBST gefordert und geleitet wurde. Und C. G. Jung beschreibt dies mit den Worten: „Individuation ist Leben in Gott", oder „Die Symbole des Selbst decken sich mit denen der Gottheit" (Jung, GW 18/2, § 1624).

Da Visionen nicht objektivierbar sind und der Interpretation des Visionärs bedürfen, war Niklaus öfters in großer Unsicherheit, was von ihm verlangt wurde. Dies war bei seinem Wunsch, Gott in jedem Fall gehorsam zu sein, eine schwere Herausforderung. Besonders bedeutsam und interessant war eine Vision, die er vermutlich in der Zeit seiner depressiven Phase hatte, eine Vision, die hier der besseren Lesbarkeit wegen stark zusammengefasst und unter dem Namen *Der singende Pilger* (*Der singende Berserker* oder *Pilgervision*) überliefert ist. Ihr Inhalt (wie auch der einer anderen Vision) kann eindeutig auf die Gestalt Wotans zurückgeführt werden und verdeutlicht, wie sehr Niklaus von archetypischen Motiven bereichert wurde (vgl. Obleser, 1993):

Niklaus von Flüe schaute voller Lust und Verlangen auf die Gestalt des Wanderers: Sein Antlitz war braun, sodass es ihm eine edle Zierde gab. Seine Augen waren schwarz wie der Magnet, seine Glieder waren wohl geschaffen, dass dies eine besondere Schönheit war. Obwohl er in seinen Kleidern steckte, so hinderten ihn die Kleider nicht, seine Glieder zu sehen. Vor seinem Auge ereigneten sich verschiedene Wunder, hinter denen er weitere, nicht ausgesprochene Geheimnisse erkennen konnte. Antlitz und Kleidung des Pilgers wandelten sich: Das Gesicht glich einer „Veronika" und er stand in Hose und Rock und mit einer goldbesprengten Bärenhaut bekleidet vor ihm. Als er sich verabschiedete, erkannte er [Niklaus] eine solche Liebe, die er in ihm trug, dass er ganz in sich geschlagen wurde und bekannte, dass er diese Liebe nicht verdiente, dass diese Liebe in ihm war. Und er sah, dass in seinem Geist sein (eigenes) Antlitz und seine Augen und sein ganzer Leib so voll minnereicher Demut waren, wie ein Gefäß mit Honig, sodass kein Tropfen mehr darein mag. Da sah er ihn (den Wanderer) weiterhin nicht mehr. Aber er war so gesättigt von ihm, dass er nichts mehr von ihm begehrte. Es schien ihm, er hätte ihm kundgetan alles, was im Himmel und auf Erden war.

Hier erscheint Wotan, wie ihn schon die alten Germanen geschaut und erlebt hatten. Plötzlich ist er da, fasziniert durch seine Gestalt und die Art, wie er mit seinen Opfern umgeht. Singend kommt er gewissermaßen aus der Sonne in die Welt. Viele seiner Namen stehen mit ihm als Wanderer in Verbindung, der immer etwas Veränderndes mitbringt: Entweder ist es ein Schwert, eine Botschaft oder wie bei Niklaus von Flüe die drei geheimnisvollen Worte, die dieser als ein Wissen um die ungeteilte dreifaltige Gottheit erkennt, und das Gefühl der Liebe, die mit einem tiefen Wissen um Himmel und Erde verbunden ist. Hinter dem Archetypus des Wanderers macht sich das

Obere Ranftkapelle mit Anbau der Klause (www.wikimedia.org)

Motiv der Gottsuche bemerkbar, das wie alle vergangenen und gegenwärtigen Mystiker Niklaus von Flüe ebenfalls keine Ruhe gelassen hat. Es macht den Menschen unruhig und gequält sucht er. Ein Wanderer ist auf sich alleine gestellt. Dabei scheut er die Konformität und flieht vor der unmittelbaren Begegnung, die er eigentlich sucht. Er entwickelt durch das Auf-sich-selbst-gestellt-Sein besondere Autonomie und Individualität. Doch sein Suchen und Forschen gilt, auch wenn dies vordergründig völlig anders erscheint, seiner Gottsuche und seiner Berufung.

Der singende Pilger erschien Niklaus von Flüe, als er selbst „im Geiste" eine Reise gemacht hatte und auf Wanderschaft war. Darunter können wir eine Trance-Reise verstehen, die er vermutlich in einem Zustand der Versenkung in Gebet oder Meditation unternahm. Hierzu gehört besonders der Gesang, der in der Regel eingesetzt wird, um die Stimmung und das Herz zu erheben. So erschallt aus dem Mund des Wanderers ein alles erbebendes, christlich gottpreisendes Alleluja. Die Schöpfung selbst also gibt Resonanz auf die-sen gottgefälligen Gesang und macht zusammen mit seinem Erscheinungsbild in jeder Hinsicht die Gestalt Wotans zu einem Engel.

Innerhalb weniger Augenblicke erschließt dieser in Niklaus von Flüe ein Wissen in einem Umfang, wie es nicht einmal in vielen Zeitaltern erarbeitet werden kann. Es ist das Urwissen des Menschen, das dieser auf der Ebene des kollektiven Unbewussten in sich trägt, aber sich durch die Vorgänge des Verstandes und der Vernunft nicht erschließen kann. Wotan, dem seinerseits von Mimir dieses Wissen eröffnet worden war, besitzt den Schlüssel zu dieser Ebene.

Indem sich der auf seine Vision vorbereitete Niklaus von Flüe von den Energien des göttlichen Pilgers berühren lässt, bekommt er auch einen Zugang zu den tieferen Schichten in sich selbst. Dies kommt in der goldglänzenden Bärenhaut zum Ausdruck, zu der sich der graue Mantel wandelt.

Der in die Bärenhaut gekleidete Mann erinnert an die Berserker. Im Berserkergang, so wurde das Ritual genannt, verließen die Männer ihren Körper in der Trance und schweiften währenddessen als Tier (meist als Bär, Wolf oder Eber) umher. In diesem anfallartigen Zustand, der von odinischer Wut und Raserei geprägt war, konnten die Helden, durchdrungen vom berühmten furor teutonicus, in der Ekstase schmerzfrei durchs Feuer laufen und ähnlich unglaubliche Dinge tun.

C. G. Jung beschrieb den Vorgang 1949 in einem Briefwechsel

Bruder Klaus erkennt sich in seiner geistigen Pilgerschaft und seiner instinktiven (bärenmäßigen, d.h. einsiedlerischen) Untermenschlichkeit als Christus [...] Die brutale Gefühlskälte, die der Heilige braucht, um sich von Frau und Kind und Freundschaft zu trennen, findet sich im untermenschlichen Tierreich. Daher wirft der Heilige einen Tierschatten [...] Wer Höchstes und Tiefstes in sich zusammenträgt, ist geheiligt, heilig, ganz."

Jung, 1972, S. 450

Die noch in der Vision erlebte Liebe zum Wanderer gilt hier nicht nur diesem persönlich. Sie ist stellvertretend auch für die in der Schöpfung wirkende göttliche Liebe (Minne). Was Niklaus von Flüe hier erlebt, ist die Begegnung mit einer Personifikation des Selbst, wie es Marie-Louise von Franz nennt, in der sich das Geheimnis der Tierkraft mit dem absoluten Wissen verbindet, die als Wahrheit empfunden und beschrieben wird, ohne dass sie verlangt, von anderen ebenfalls angenommen oder verwirklicht zu werden. Dieses Wissen oder diese Wahrheit wird nur Einzelnen zuteil, obwohl sie zum kollektiven Unbewussten gehört, das gleichermaßen ein Teil von uns allen ist. Nur wenige werden in der Weise wie Niklaus von Flüe mit einer derartigen Vision beschenkt, die ihnen das Gefühl gibt, wieder mit der göttlichen Ebene verbunden zu sein.

Wotans Geist begegnet uns in dieser Vision in einer äußerst differenzierten Form, die durch die mystische Reife Niklaus von Flües nicht mehr in das Schlachtfeld des schwertführenden Kriegers führt, sondern, obwohl er noch das Wesen der alten Gottheit besitzt, zu einer weiteren Integration der Persönlichkeit verhilft.

Psychodynamisches und Spirituelles

Wenn wir die Bedingungen betrachten bzw. untersuchen, unter denen Visionen auftreten, so lassen sich mehrere Faktoren anführen. Eine Grundvoraussetzung dabei ist, dass eine Entspannung und Lockerung der psychischen Kontrolle stattfindet. Nun ist bekannt, dass Niklaus von Flüe nicht lesen und schreiben konnte. Seine spirituelle Praxis hat demnach hauptsächlich aus Gebeten und meditativen Betrachtungen bestanden. Solcherart praktizierte Spiritualität kann zu einer starken Steigerung der Sensitivität führen. Da er sich außerdem intensiv mit der Betrachtung des Leidens Jesu beschäftigte, dieses wohl leidenschaftlich meditierte, intensivierten sich die Voraussetzungen hierzu und trugen weiter zu einer Entspannung und Lockerung der psychischen Kontrolle bei.

Wie schon C. G. Jung feststellte, können bei fehlender Konzentration und verminderter Aufmerksamkeit leicht unerwartete Inhalte aus dem Unbewussten auftauchen. Entscheidend ist hierbei, dass das Individuum wach ist und nicht schläft. Wäre es ein Schlaf, so würde dieses natürliche Absinken einen Traum ermöglichen, im Wachzustand kann es jedoch zu einer eventuellen Vision werden.

Weiter nimmt Jung für ihr Zustandekommen als psychodynamische Grundlage eine starke Gegensatzspannung zwischen dem Unbewussten und Bewussten an, wobei zwischen beiden ein Energiegefälle von unbewusst zu bewusst bestehen muss. Dadurch ist ein Durchbrechen der Vision als autonome Sinnerfahrung ins Bewusstsein möglich. Zwar sind Visionen keine psychopathologischen Phänomene, können jedoch auch im Rahmen von Psychosen auf inflationäre Weise wirken.

Wie sehr eine Vision richtungsweisend und verändernd wirken kann, zeigt wohl eines der bekanntesten Beispiele für eine Vision: die des Saulus aus der Apostelgeschichte, die dann zu seiner Bekehrung führt. So war es auch bei Niklaus von Flüe, der schon in seiner Jugendzeit häufig fastete und sich in die Einsamkeit zurückzog, was das Zustandekommen von Visionen begünstigt.

Kalligraphie von Horst Obleser zum Gebet von Niklaus von Flüe

Nun sind Visionen nicht besonders verdienstvoll, wie Samuels lakonisch festgestellt hat, denn der Wert hängt von der Einstellung des jeweiligen Individuums diesen gegenüber ab. Damit es nicht bloßes Naturphänomen bleibt, muss das spontane und symbolische Bild vom Ich-Bewusstsein übersetzt und integriert werden. Niklaus war hier unentwegt bemüht, dies alles zu verstehen und seine Antwort darauf zu finden.

Seine Visionen waren nicht prophetisch, sondern mystisch und von der festen Überzeugung geprägt, dass Gott zu ihm darin sprach und von ihm etwas erwartete. Bei solch einer konkretistischen Einstellung war es naheliegend, dass er alle Erscheinungen nicht sogleich verstehen konnte und besonders in der Zeit seiner Visionen unter dem Noch-nicht-Beantwortetem sehr litt.

Das Bittgebet

Wie schon angedeutet, gehörte für Niklaus das Gebet zur spirituellen Praxis. Sein persönliches Gebet bestand aus drei kleinen Versen:

O mein Gott und mein Herr, nimm mich mir
Und gib mich ganz zu eigen Dir!
O mein Gott und mein Herr, nimm alles von mir,
Das mich hindert gegen Dich!
O mein Gott und mein Herr, gib alles mir,
Das mich fördert zu Dir!

Das Gebet ohne Unterlass bezieht sich auf die asketische Praxis, die sich aus dem „betet ohne Unterlass" von Paulus ableitet. Durch diese Form des Gebets lassen sich nach Evagrios von Pontikos die Leidenschaften überwinden und der Eintritt in die höchste Liebe wird möglich.

Mit dem immerwährenden Gebet ist weniger das Bittgebet, sondern die unablässige Verbringung mit Gott gemeint, der in allem gegenwärtig ist und deshalb überall gesehen oder wahrgenommen werden kann. Es lässt sich mit der Mantra-Praxis der Buddhisten und Hindus vergleichen. Mahatma Gandhi (1924) schreibt darüber:

Man muss sich ganz in das Mantra verlieren, dass man gewählt hat. Man sollte keine anderen Gedanken während der Rezitation zulassen. Das Mantra gibt uns Halt im Leben und hilft uns über jede Prüfung hinweg. [...] Das Mantra hat eine eigentümliche Macht. Es dient als Wächter über die persönliche Reinheit eines Menschen. Wer sich darum bemüht, wird dessen sofort gewahr werden. Freilich geht es nicht darum, das Mantra stumpfsinnig zu wiederholen. Vielmehr soll man in ihm seine Seele rein machen.

Mit seinem Gebet versuchte Niklaus unentwegt die Verbindung zu Gott herzustellen bzw. die Voraussetzungen dafür zu schaffen. Er wird häufig mit der „Bätte" abgebildet, die zu seiner Zeit mit fünfzig Perlen als Gebetshilfe benutzt wurde. In unserem Kulturkreis kennen wir heute das Rosenkranzgebet oder auch das Beten oder Singen der Litaneien.

Ein Gebet mit ähnlichem Inhalt ist uns von dem Sufi-Mystiker Abdallah-i Ansari überliefert, der ca. 400 Jahre vor Niklaus von Flüe gelebt hat: „... ich bin gekommen, um dich zu bitten, mir Dich selbst zu geben."

Im Aufbau des Gebetes sind die drei Stufen „Reinigung, Erleuchtung, Vereinigung" leicht erkennbar und zeigen sein unablässiges Bemühen, die Nähe zu Gott zu suchen. Auch zeigt es seine tiefe Sehnsucht, Entschlossenheit und Bereitschaft, auch Opfer zu bringen, um dies zu erreichen.

Es ist eine innere Unruhe, die den Mystiker zwingt, den ihm vorgegebenen Weg zu gehen. [...] Der wahre Mystiker verlangt keine Verheißungen und stellt keine Forderungen. Er macht sich auf, weil er muss. (Gröbli, S.185)

Das Bittgebet ist ein Versuch des Ichs, die Welt in seinem Sinne zu gestalten und gerade die Ich-Aufgabe, seinen Tod, zu verhindern. Das mystische Gebet jedoch ist wie eine Reise, das dazu führt, dass der alte, in seinen begehrlichen Wünschen gefangene Mensch sich um sein wahres Wissen bemüht. Der Zen-Meister Dogen Zenji drückt es so aus:

Das Mystische ergründen heißt, das Ich ergründen; das Ich ergründen heißt, das Ich vergessen; das Ich vergessen, heißt Einssein mit allen Dingen und von allen Dingen erleuchtet werden.

(zit. n. Wilber, 1992, S. 124)

Dieses Einssein war das oberste Ziel von Niklaus. Und wenn Martin Buber (1992) schreibt:

Es gibt keine Sünde, die uns von Gott trennen könnte. Alles Körperliche, das reinen Herzens geschieht, ist Gottesdienst. Askese ist Verwirrung.

so mag das in aller Regel zutreffen. Niklaus von Flüe hingegen war sicher nicht verwirrt, da das Körperliche für ihn ohne Bedeutung war und ihm seine mystische Praxis und sein Streben nach einer Vereinigung mit Gott zu einer scheinbaren Leichtigkeit verhalfen, die für andere als schweres Opfer erscheint und ungeheuer schwer zu erreichen ist.

Radbild

Wenige Jahre nachdem er sich in der Ranft niedergelassen hatte, sah er in einer Vision ein durchdringendes Licht, das ein menschliches Antlitz besaß. Bei dessen Anblick fürchtete er, dass sein Herz in kleine Stücke zerspringen würde, sodass er seinen Blick sofort abwandte und zur Erde stürzte. Er selbst sagte später, dass er aus diesem Grunde für die Menschen schreckenerregend („horribilem") aussehe. Das von ihm gesehene Antlitz trug eine dreifa-

Meditationsbild, gemalt nach Angaben von Bruder Klaus ca. 1475/80

che oder päpstliche Krone, im Mittelpunkt war eine kleine Weltkugel eingelassen und über dieser Kugel ein Kreuz befestigt. Es besaß einen dreigeteilten Bart, sechs Schwertklingen ohne Handgriffe schienen in wechselnder Richtung aus dem Angesicht auszugehen; drei waren nach innen und drei nach außen gerichtet. Später ließ er sich diese Vision in seiner Zelle malen und benützte es offensichtlich als Meditationsbild, sicher auch, weil es ganz seiner Vorstellung von der Dreifaltigkeit Gottes entsprach.

Es lässt sich annehmen, dass es ein heftiges Aufeinandertreffen von Unbewusstem und Bewusstem war, als er dieses durchdringende Licht wahrgenommen hat, das in seinen Augen der übermächtige und alles überstrahlende Gott war. Das Ergebnis war das Radbild als transzendentes Symbol, mit dem er seinen inneren Prozess und seine Gottesverehrung weiterführen konnte.

Jung selbst nahm an, dass Bruder Klaus dieses Radbild als einen Versuch betrachtete

„sein Urerlebnis in verständliche Form zu bringen". (Jung, 1954, S. 234) Unschwer lässt es sich als Mandala-Symbol interpretieren, das nach Jung (1956/57) als „Instrument der Versenkung und Realisierung einer inneren Erfahrung und der Herstellung einer inneren Ordnung" dient. Oder anders ausgedrückt: In der Vision ist die Selbstwahrnehmung der Libido in Gestalt von Symbolen möglich. Marie-Louise von Franz (1993, S. 165)) folgert, dass das Rad, das sonst ein Symbol der Bewegung ist, bei Bruder Klaus stillsteht und dass der dynamische Prozess als Interaktion ausschließlich im Inneren des Rades stattfindet, hinter der sich eine intensive Introversion der psychischen Energie verbirgt. Gleichzeitig ist es ein bedeutsames Symbol der Harmonie und der Perfektion. „Sein Rad stellt darum eher einen Prozess als ein Endziel dar." Und als solchen Prozess richtete Niklaus auch seine spirituelle Praxis aus.

Liebesmystik

Zum Einssein mit Gott gehörte für Niklaus von Flüe die Liebe. Wie bedeutsam dies für ihn war, zeigt 1479 seine Antwort auf die Frage eines Gelehrten: „Welches ist das oberste Gebot?" und er schlicht antwortete: „Die Liebe Gottes." (Gröbli, 1991, S. 186) Für ihn war es selbstverständlich, dass seine Liebe zu Gott ohne Leiden nicht möglich war und dazu gehörte für ihn, dass „begehrenswerte Dinge oder Menschen beiseitegelegt und zugunsten des höher geachteten Ziels aufgegeben werden".

Darshan Singh unterscheidet hier zwischen einer negativen Mystik, die mit Weltabkehr, Weltverneinung und falscher Askese verbunden ist (z. B. Menschen, die ihre Familie, Haus und Hof verlassen, um in der Einsamkeit ihrer Klause oder ihres Pilgerweges die Erleuchtung zu suchen) und einer positiven Mystik, deren Ziel es ist, sich ganzheitlich zu entwickeln und das Potenzial des ganzen Menschen zu leben.

Für Niklaus von Flüe stand es bei seiner starken Introversionsneigung und den Antworten, die er aus seinen Visionen und Erscheinungen zog, wohl außer Frage, den Weg der Weltabkehr zu wählen. Nur auf diese Weise schien es ihm möglich, unter Erhalt seines Ichs seine Ichheit („Für-sich-Sein" hatte es Fichte genannt), so weit zu überwinden, dass er seinem Gott so nahe wie möglich kam.

Für ihn lagen die Garantien, dies zu verwirklichen in der völligen Ausrichtung auf Wahrheit und Liebe. Das waren die Vehikel, wie sie sich aus den Visionen für seine Individuation ergaben, und er gab alles darein, auf diese Weise Gott in sich zu verwirklichen.

Literatur:
Abdallah-i Ansari, Sufi-Gelehrter 1009 – 1089 n.Chr. Quelle Wikipedia
Buber, M. (1992): Die Erzählungen der Chassidim. Zürich.
Dinzelbacher, Peter (1989): Wörterbuch der Mystik. Stuttgart.
von Franz, L. (1993): Die Visionen des Niklaus von Flüe. Zürich.
Gröbli, R. (1991): Die Sehnsucht nach dem einig Wesen: Leben und Lehre des Bruder Klaus von Flüe. Zürich.
Jung, C. G. (1933): Bruder Klaus, in: Neue Schweizer Rundschau, Neue Serie I/4, zitiert nach: Zur Psychologie östlicher und westlicher Religion, GW 11, § 480 ff.
Jung, C. G. (1954): Gestalten des Unbewussten, Zürich: Rascher
Jung, C. G. (1956/57): Jung und der religiöse Glaube. In: GW 18/2. § 1624.
Jung, C. G. (1971): Briefe 1. Olten: Walter
Müller, L., Müller, A. (2003): Wörterbuch der Analytischen Psychologie. Düsseldorf.
Samuels, A., Shorter, B. u. Plaut, F. (1991): Wörterbuch Jung'scher Psychologie. München

Horst Obleser

Jg. 1939, Dipl.-Psych., Psychologischer Psychotherapeut, Psychoanalytiker (DGPT), Dozent, Lehranalytiker und Supervisor, Autor. Interessensschwerpunkte: Mythologie, Märchen, Mystik und Spiritualität.

Visionen – Transpersonale Erfahrungen

Ilke Bohleber

Visionen gehören zum großen Bereich außergewöhnlicher Bewusstseinszustände, mit denen sich die transpersonale Psychologie beschäftigt. Stanislav Grof, der Begründer dieser Forschungsrichtung, nennt als deren gemeinsamen Nenner „das Empfinden, dass das eigene Bewusstsein über die Grenzen des Ich hinausgegangen ist und die Beschränkungen von Raum und Zeit überschritten hat." (Grof, 2006, S. 64)

Visionen, Träume und Imaginationen haben eine entscheidende Rolle in Jungs Leben gespielt und seine Erforschung des Unbewussten überhaupt erst ermöglicht. Sie haben nicht nur sein Menschenbild geprägt, sondern auch sein Bild von der Realität und der Stellung des Menschen im Ganzen der Wirklichkeit.

Im Rückblick auf sein Leben sagt Jung, seine besondere Begabung habe darin bestanden, dass für ihn die „Zwischenwände" so durchsichtig waren, dass er „die Vorgänge des Hintergrundes" wahrnehmen konnte (vgl. Jung, Jaffé, 1962, S. 357). Zu diesen Wahrnehmungen gehören auch seine Visionen.

Jung erlebte um die Jahreswende 1912/13 eine starke Belebung des Unbewussten. Intensive Träume und Fantasien stellten sich ein und er fühlte sich desorientiert und verunsichert. Am Anfang des Roten Buches stellt er dar, dass ihn dies in einen heftigen inneren Konflikt stürzte, da er sein bisheriges Leben infrage gestellt sah und sich den Inhalten des Unbewussten nicht überlassen wollte. Die Kontrahenten dieses Kampfes nannte er den „Geist der Zeit" und den „Geist der Tiefe." Als dritte Stimme kam noch sein „Menschliches" zu Wort. (Jung, Jaffé 1962, S. 229 f.)

Der Geist der Zeit „möchte von Nutzen und Wert hören". Er verkörpert die Seite, die auf die Vernunft baut, auf klare Begrifflichkeit und anerkannte Werte und Ziele.

Der Geist der Tiefe wird als Infragestellung all dessen erlebt und bedeutet eine tiefe Verunsicherung. Aber er besitzt eine höhere Macht: „Er nahm den Glauben an die Wissenschaft von mir, er raubte mir die Freude des Erklärens und Einordnens, und er ließ die Hingabe an die Ideale dieser Zeit in mir erlöschen. Er zwang mich hinunter zu den letzten und einfachsten Dingen." (Jung, 2009, S. 229 f.)

Jungs Menschliches warnt vor der Kälte, Einsamkeit und Verlassenheit, falls er sich auf den Geist der Tiefe einlassen würde, während der Geist der Zeit ihm vor Augen hält, dass es „Wahnsinn" sei, was der Geist der Tiefe ihm sagen lasse.

Im Oktober 1913 befiel ihn eine Vision, die eine ganze Stunde dauerte, ihn verwirrte und ihm Übelkeit verursachte:

„Ich sah eine ungeheure Flut, die alle nördlichen und tiefgelegenen Länder zwischen der Nordsee und den Alpen bedeckte. Die Flut reichte von England bis nach Russland und von den Küsten der Nordsee bis fast zu den Alpen. Als sie die Schweiz erreichte, sah ich, dass die Berge höher und höher wuchsen, wie um unser Land zu schützen. Eine schreckliche Katastrophe spielte sich ab. Ich sah die gewaltigen gelben Wogen, die schwimmenden Trümmer der Kulturwerke und den Tod von ungezählten Tausenden. Dann verwandelte sich das Meer in Blut."

Jung, Jaffé, 1962, S. 179

Nach zwei Wochen wiederholte sich diese Vision und Jung hörte eine Stimme sagen: „Sieh es an, es ist ganz wirklich, und es wird so sein; daran ist nicht zu zweifeln." (Jung, Jaffé, 1962, S. 179)

Jung schreibt, dass er sich damals von einer Psychose bedroht gefühlt habe, da er nicht an einen möglichen Krieg gedacht habe.

Im Sommer 1914 hatte er zwei Träume, in denen die Verwüstung Europas als Einbruch einer ungeheuren Kälte dargestellt wurde, in einem dritten Traum mit demselben Motiv wurde ihm seine eigene Rolle in diesem entsetzlichen Geschehen gezeigt: Die Blätter eines Baumes hatten sich durch die Kälte in süße Weinbeeren voll heilenden Saftes verwandelt. „Ich pflückte die Trauben und schenkte sie einer großen harrenden Menge." (Jung, Jaffé, 1962, S. 179)

Als im August 1914 der Erste Weltkrieg ausbrach, deutete er die beiden Visionen und die drei Träume als ein Vorauswissen des Kommenden, das im Unbewussten vorhanden war und sich ihm mitgeteilt hatte. Für seinen inneren Konflikt war dies von entscheidender Bedeutung, er erkannte, dass „der Geist der Tiefe in mir zugleich auch der Herr des Weltgeschehens ist". Diese Erfahrung ermöglichte ihm, „dem Geist der Tiefe nicht weiter zu widerstreben, sondern seine Worte zu reden" (Jung, 2009, S. 230).

Die Angst, die zuvor sein Menschliches artikuliert hatte, dass er sich völlig isolieren könnte, oder gar, wie der Geist der Zeit ihm gedroht hatte, in den Wahnsinn fallen könnte, war damit zurückgedrängt. Allerdings empfand er diese ganze Lebensphase bis zum Abflauen des inneren Bilderstroms als labil und manchmal auch bedrohlich.

Eine subjektive Erfahrung steht also am Beginn seines Weges in die Tiefenschichten des kollektiven Unbewussten, und er konnte diesen Weg gehen, nachdem er sich vergewissert hatte, dass er dadurch nicht aus der Realität herausfiel, sondern dass dieser Weg den Rahmen der für ihn erfahrbaren Realität erweiterte.

Während die meisten Menschen sich dessen bewusst sind, dass sie träumen, und eine zunehmende Zahl sich auch für die Sprache der Träume interessiert, sind Visionen eine eher seltene Ausdrucksform des Unbewussten. Sie haben dadurch eine besondere Bedeutung erhalten, dass die Anfänge der großen monotheistischen Weltreligionen auf Visionen beruhen.

Das Christentum wäre nicht entstanden ohne die Auferstehungsvisionen der Jünger Jesu. Paulus, der wichtigste Apostel des frühen Christentums, erhielt seinen Verkündigungsauftrag in einer Vision, die ihn aus einem Verfolger der frühen Christen in einen leidenschaftlichen Vertreter des neuen Glaubens verwandelte. Moses erhielt seine Berufung durch eine Vision, in der ihm der Engel des Herrn in einem brennenden Dornbusch erschien, der vom Feuer nicht verzehrt wurde und aus dem heraus er die Stimme Gottes vernahm, der ihn beauftragte, sein Volk aus Ägypten herauszuführen. Mohammed fühlte sich durch Visionen, in denen ihm der Engel Gabriel erschien, zum Propheten und Begründer eines neuen Glaubens berufen.

Visionen haben also häufig mit der Erfahrung des Göttlichen zu tun und werden dann als so real und mächtig erlebt, dass sie die Weltsicht und die Lebensgestaltung des Visionärs völlig verändern. Daneben gibt es bei manchen Menschen auch Visionen, die sich auf ihre konkrete Lebenssituation beziehen. Jung berichtet z. B. von einer alchemistischen Christusvision in der Zeit, als er sich mit den Studien zu *Psychologie und Alchemie* beschäftigte. In diesem Zusammenhang sagt er, Visionen seien für ihn nichts Ungewöhnliches, denn er sehe oft „plastische hypnagogische Bilder" (vgl. Jung, 2009, S. 214).

Eine besondere Stellung nehmen allerdings Jungs Visionen nach seinem Herzinfarkt 1944 ein, als er sich in unmittelbarer Todesnähe befand. Ihnen widmet er in seinen Erinnerungen ein eigenes Kapitel, sie gehörten zu seinen intensivsten psychischen Erlebnissen und beeinflussten seine persönlichen Vorstellungen vom Lebensende und dem möglichen Fortbestand einer psychischen Existenz über den physischen Tod hinaus.

In der ersten Vision erlebte Jung einen Aufstieg in den Weltraum und beschreibt genau,

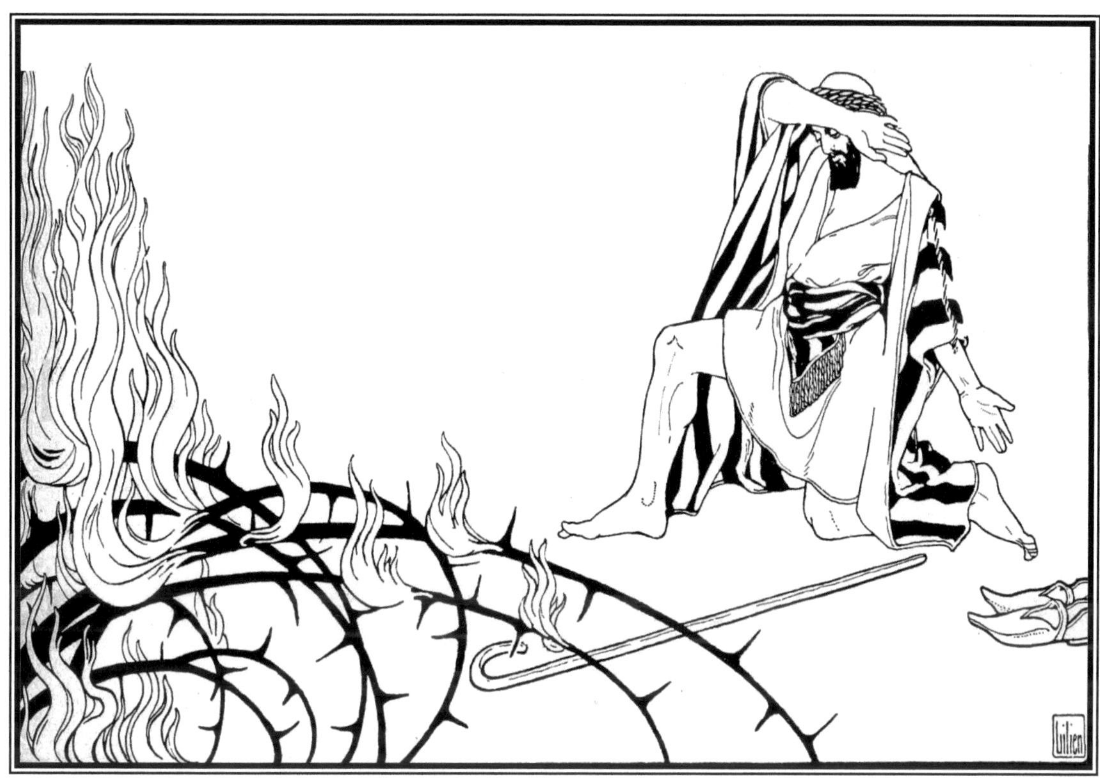

Mose am Dornbusch. Ephraim Moses Lilien (1874-1925) war ein jüdischer Grafiker, Illustrator, Maler und Fotograf, der vor allem durch seine ornamentalen grafischen Arbeiten im Jugendstil und seine Exlibris bekannt wurde. (www.wikimedia.org)

wie er die Erde von dort sah – Eindrücke, über die erst viel später von den ersten Astronauten ähnlich berichtet wurde (vgl. S. 1). Danach erblickte er einen Steinklotz, der ihn an einen Meteoriten erinnerte. Als er sich diesem näherte, sah er, dass es ein Tempel war, vor dem ihn ein Inder im Lotussitz erwartete. Bei der Annäherung an den Tempel hatte er ein beeindruckendes Erlebnis: In einem für ihn schmerzlichen Prozess fiel alles, was er meinte, wünschte und dachte, von ihm ab, er erlebte sich als reduziert auf das Wesentliche. Sein Ich bestand aus dem Bündel von Vollbrachtem und Gewesenem, ein „Gefühl äußerster Armut, aber zugleich großer Befriedigung" (vgl. Jung, Jaffé, 1962, S. 294).

Außerdem hatte er bei der Annäherung an den Tempel die Gewissheit, dass er dort diejenigen Menschen treffen würde, zu denen er in Wirklichkeit gehörte. Dort würde er auch die Antworten auf viele Fragen, die sein eigenes Leben betrafen, erhalten. Im letzten Teil dieser Vision stieg sein Arzt zu ihm auf und teilte ihm mit, er dürfe die Erde noch nicht verlassen und müsse zurückkehren.

Er hatte in den folgenden Wochen noch weitere Visionen, über die er nicht so ausführlich berichtet. Ihr Grundmotiv ist in mehreren Variationen die heilige Hochzeit als Bild der Vereinigung der Gegensätze. Entscheidend für die Bedeutung der Visionen für Jung ist ihr gefühlsmäßiger Kontext. Er schreibt:

Ich befand mich wie in einer Ekstase oder in einem Zustand größter Seligkeit ...Von der Schönheit und der Intensität des Gefühls während der Visionen kann man sich keine Vorstellung machen. Sie waren das Ungeheuerste, was ich je erlebt habe [...] Es war ein Pneuma im Raum von unaussprechlicher Heiligkeit.

Jung, Jaffé, 1962, S. 297 ff.

Die Rückkehr in die Realität fiel ihm schwer, er erlebte sie als Enge und künstliche Begrenzung, „zu materiell, zu grob und zu schwerfällig, räumlich und geistig beschränkt, zu unerkennbarem Zweck künstlich eingeengt" (vgl. Jung, Jaffé, 1962, S. 298). Noch bei der Abfassung seiner Erinnerungen fünfzehn Jahre später sagt er, er sei nie mehr ganz von dem Eindruck losgekommen, dass das Leben ein Existenzausschnitt sei, welcher sich in einem hierfür bereitgestellten dreidimensionalen Weltsystem abspiele (vgl. Jung, Jaffé, 1962, S. 299).

Hieronymus Bosch (1450-1516): Aufstieg der Gesegneten, Palazzo Grimani, Venedig (www.wikimedia.org)

Zweifellos haben Jungs Visionen seine Vorstellung von der Realität und von den Möglichkeiten und Grenzen seiner wissenschaftlichen Arbeit beeinflusst. Einerseits war er sich bewusst, dass es sich um subjektive Erfahrungen handelte, andererseits hatten diese Erfahrungen einen so realen und überzeugenden Charakter, dass er sie in seine Vorstellung von der Wirklichkeit einbeziehen musste. Deshalb betont er in den folgenden Kapiteln immer wieder die Unmöglichkeit, etwas über die Grenzen unserer Vernunft Hinausgehendes zu wissen, und andererseits sieht er den Vernunftmaßstab als zu eng an, da die Vernunft die wirkliche Ausdehnung des Lebens nicht kennt.

Die Möglichkeiten, die im Unbewussten liegen, erweitern dagegen die Erkenntnisse über die Realität.

Es ist imstande uns gelegentlich Dinge mitzuteilen, die wir aller Logik nach nicht wissen können. Denken Sie an synchronistische Phänomene, an Wahrträume und Vorahnungen!

Jung, Jaffé, 1962, S. 305

Unsere Wirklichkeitsvorstellung ist von Zeit, Raum und Kausalität geprägt, doch meint Jung, dass diese vordergründige Wirklichkeit sich auf eine „dahinter oder darunter liegende andere Ordnung der Dinge bezieht, in welcher weder ‚Hier und Dort' noch ‚Früher und später' wesentlich sind" (Jung, Jaffé, 1962, S. 308). Wir sind zwar an unsere eng begrenzten Erkenntnismöglichkeiten gebunden. Wenn wir das mit diesen Möglichkeiten Erkennbare aber nicht mit dem Ganzen der Wirklichkeit gleichsetzen, „haben wir Grund genug, hinter diesem Schleier das uns bewirkende und beeinflussende, aber unbegriffene absolute Objekt als seiend vorauszusetzen" (Jung, Jaffé, 1962, S. 354).

Kann das Göttliche also nicht zum Objekt unseres wissenschaftlichen Forschens werden, so kann es doch erfahren werden. Der Archetypus des Gottesbildes in der menschlichen Seele ist für Jung der Ort der Begegnung zwischen Mensch und Gott, und diese Begegnung ist eine numinose Erfahrung von intensivem Realitätscharakter.

Ich möchte im Folgenden noch kurz auf einige andere transpersonale Erfahrungen eingehen, die auffallende Gemeinsamkeiten mit den visionären Erlebnissen Jungs haben. Durch zahlreiche Veröffentlichungen wurden in den letzten Jahrzehnten die Nahtoderfahrungen (NTE) allgemein bekannt. Dies sind zum Teil visionäre Grenzerfahrungen von außerordentlich numinosem Charakter und wie die Visionen im Bereich der religiösen Traditionen von dauerhafter Wirkung für die Betroffenen.

Kenneth Ring, ein bekannter Forscher auf dem Gebiet der NTE, nennt als typische Veränderungen: eine Steigerung des Selbstwertgefühls und des Mitgefühls, Nachlassen von Selbstsucht und materialistischen Werten, Verschwinden der Todesangst, gesteigerte Sinneswahrnehmungen, erhöhte psychische und übersinnliche Fähigkeiten, vermehrte intuitive Achtsamkeit und manchmal sogar die Gabe des Heilens. Nahtoderfahrene könnten so „Vorläufer der menschlichen Evolution auf dem Weg zu einem höheren Bewusstsein" sein (vgl. Ring, 1999, S. 21).

Mit der Vorstellung, dass es eine Weiterentwicklung des Menschen zu einem höheren Bewusstsein geben müsse, beschäftigt sich besonders Ken Wilber, ein Vertreter der transpersonalen Psychologie. Er ist überzeugt, dass diese Entwicklung auf transrationale Bewusstseinszustände hinführt und wendet sich gegen einen wissenschaftlich-rationalen Standpunkt, für den Rationalität „den großen endgültigen Omega-Punkt der individuellen und kollektiven Entwicklung bedeutet" (Wilber, 2006, S. 259).

Allerdings erwartet er, dass diese Weiterentwicklung durch kontemplative Praktiken vorangetrieben werden kann, und spricht nicht von Visionen, sondern von „unmittelbar erfahrenen Enthüllungen, die direkt aus der subtilen Dimension der Wirklichkeit hervorgehen" (vgl. Wilber, 2007, S. 281).

Die Deutung solcher Erfahrungen ist, „dass man die Grundformen und das Fundament der ganzen manifesten Welt schaut. Man blickt geradewegs in das Antlitz des Göttlichen." (Wilber, 2007, S. 281)

Die numinose Qualität ist also wie in den Visionen das entscheidende Merkmal, von dem die verwandelnde Kraft ausgeht. In unserer Zeit, in der die etablierten Religionen vielen Menschen keine Begegnung mit dem Göttlichen mehr vermitteln können, entwickeln sich offenbar andere Möglichkeiten, in Kontakt mit einer transzendenten Realität zu kommen.

Als Beispiel möchte ich auf den Bewusstseinsforscher Robert Monroe eingehen. Im Jahr 1958 erlebte er zum ersten Mal, dass er seinen Körper verlassen konnte, wobei weder Drogen noch Alkohol im Spiel waren. Dass sich diese Erfahrung wiederholen ließ, versetzte ihn zunächst in Angst und Panik, er fürchtete, an Gehirntumor erkrankt zu sein und in geistiger Umnachtung zu enden. Da aber keine Erkrankungen bei ihm festgestellt wurden, beschloss er, das Phänomen zu untersuchen und herauszufinden, ob es Möglichkeiten gibt, auch anderen diese Erfahrung zu vermitteln.

Er gründete das „Monroe Institute of Applied Sciences" und entwickelte ein spezielles Labor für seine Versuche. Für diese stand ihm ein Team aus interessierten Freiwilligen zur Verfügung. Er berichtet: „Diese Gruppe wurde immer geübter im Erreichen anderer Bewusstseinsformen einschließlich des Zustandes der Außerkörperlichkeit." (Monroe, S. 50). Da die Testpersonen wach waren, war es möglich, Tonbandprotokolle von ihren Erlebnissen anzufertigen. Aus dem Protokoll eines Physikers möchte ich hier zitieren:

„Zuerst hatte ich den Eindruck, dass die Wirklichkeit physischer Materie Teil einer Art großen Tagtraums oder Gedanke eines höheren Bewusstseins ist … Die Rolle, die wir in diesem Tagtraum zu spielen haben, ist die, aufzunehmen, zu lernen, uns zu bessern, uns zu bemühen, bedeutender zu werden. Nun weiß ich nicht genau, warum diese Art Überbewusstsein oder -seele diesen Tagtraum hat, aber ich habe das Gefühl, dass dies seiner eigenen Weiterentwicklung dient. Es lernt, wie wir lernen […] unser Bewusstsein ist begrenzt, um damit zu beginnen."

Monroe, 2007, S. 65

Diese Aussagen erinnern an Überlegungen, die Jung in seinen Erinnerungen äußert. Im Kapitel *Späte Gedanken* spricht er von der Vorstellung, dass die Bewusstseinsentwicklung des Menschen ein Dienst sei, den der Mensch Gott leiste, der sich auf diesem Wege seiner Schöpfung bewusst werde. Es bestehe also (wie in der Vision des Physikers) eine gegenseitige Abhängigkeit von Gott und Mensch, die der menschlichen Existenz Würde und Bedeutung verleihe (vgl. Jung, Jaffé, 1962, S. 341)

Die Sterbeforscherin Elisabeth Kübler-Ross erlebte in einer beeindruckenden Vision die Gegensätzlichkeit Gottes, ein für Jung zentrales Thema bei seiner Beschäftigung mit dem alttestamentlichen und neutestamentlichen Gottesbild. Sie hatte in Monroes Labor eine außerkörperliche Erfahrung gemacht, konnte aber anschließend nicht sagen, was sie erlebt hatte. Als sie später in einem Gästehaus der Monroe-Farm alleine war, erfolgte diese Vision, deren ersten Teil sie als Albtraum bezeichnet.

Ich litt körperliche Qualen sondergleichen. Ich konnte kaum atmen und krümmte mich vor Pein und Schmerz ... Die Sache war klar. Ich durchlebte die Tode aller Patienten, die ich bis zu diesem Zeitpunkt betreut hatte, mit allem, was sie an Angst, Kummer, Furcht, Leiden, Trauer, Verlust, Blut und Tränen durchgemacht hatten.
Kübler-Ross, 2000, S. 279

Zweimal während dieser Zeit bat sie um Hilfe, beide Male antwortete eine tiefe männliche Stimme: „Es soll dir nicht gegeben werden." (Kübler-Ross, S. 280

Der Wendepunkt der Vision kam mit der Einsicht, dass sie bereit sein müsse, alles zu bejahen im Vertrauen sowohl auf Gott als auch auf ihre eigene Stärke. Nachdem sie ihr JA gefunden hatte, verwandelte sich alles. Sie verließ ihren Körper und erlebte sich als Teil des Kosmos, in dessen Schwingungsmuster sie eingefügt war. Schließlich begegnete sie dem Licht, das in allen Nahtoderfahrungen eine große Rolle spielt. Mit einem ungeheuren, ekstatischen Glücksgefühl endete die Vision. Ihre Gewissheit, dass der Tod nur ein Übergang sei, war und blieb danach unerschütterlich.

Jung hat solchen Erfahrungen in seiner Vorstellung von der menschlichen Psyche großes Gewicht gegeben, da sie für ihn selbst von lebensbestimmender Bedeutung waren. Sie vermitteln dem Einzelnen das Gefühl, auf Unendliches bezogen zu sein, und dies ist für ihn ein entscheidendes Kriterium eines gelingenden Lebens. Denn:

Wenn man versteht und fühlt, dass man schon in diesem Leben an das Grenzenlose angeschlossen ist, ändern sich Wünsche und Einstellungen. Letzten Endes gilt man nur wegen des Wesentlichen, und wenn man das nicht hat, ist das Leben vertan.
Jung, Jaffé, 1962, S. 328)

Literatur
Grof, Stanislav (2006): Das Abenteuer der Selbstentdeckung. Reinbek: Rowohlt
Jung, C. G., Jaffé, A. (1962): Erinnerungen, Träume, Gedanken. Zürich: Rascher
Jung, C. G. (2009): Das Rote Buch. Ostfildern: Patmos
Kübler-Ross, E. (2000): Das Rad des Lebens. München: Knaur
Monroe, R. (2007): Der zweite Körper. München: Heyne
Ring, K. (1999): Im Angesicht des Lichts. München: Hugendubel
Wilber, K. (2006): Eros, Kosmos, Logos. Frankfurt/M.: Fischer
Wilber, K. (2007): Eine kurze Geschichte des Kosmos. Frankfurt/M.: Fischer

Ilke Bohleber
Studium Germanistik und Theologie, war bis zu ihrer Pensionierung Gymnasiallehrerin für die Fächer Deutsch und Ethik. Fortbildung in Analytischer Psychologie, Mitglied der C. G. Jung-Gesellschaft Stuttgart, Vorträge und Arbeitsgruppen zur Analytischen Psychologie.

C. G. Jungs Rotes Buch

Visionen von Tod und Versöhnung als Kulturauftrag der Analytischen Psychologie

Paul Bishop

I have a dream

„I have a dream", sagte Martin Luther King in seiner berühmten Rede am 28. August 1963 vor dem Lincoln Memorial zu Washington, DC. Ganz ähnlich, wenn auch anders gemeint, hätte C. G. Jung sagen können, er habe einen Traum - oder besser eine Vision? In diesem Beitrag geht es darum, die Rolle von Träumen und Visionen in der Entstehung seines *Roten Buches* zu untersuchen – und ihre Bedeutung zu erklären.

Lange Zeit hat man nicht gewusst, was das sogenannte *Rote Buch* von C. G. Jung war. Und sogar nach dessen Erscheinen weiß man nicht so genau, was es damit auf sich hat. In seinem Brief an den britischen Kunstkritiker Sir Herbert Read vom 2. September 1960 erläuterte Jung den Begriff des „großen Traums", indem er schrieb:

Was ist der große Traum? Er besteht aus den vielen kleinen Träumen und den vielen Akten der Demut und Unterwerfung unter ihre Ausdeutungen. Er ist die Zukunft und das Bild der neuen Welt, die wir noch nicht verstehen. Wir können es nicht besser wissen als das Unbewußte und seine Andeutungen. Dort liegt eine Chance, das zu finden, was wir in unserer bewußten Welt vergeblich suchen. Wo sonst könnte es sein?

Jung, 1973, S. 337 f.

Dem Bericht über die Entstehung des *Roten Buches* in *Erinnerungen, Träume, Gedanken* zufolge, ging es aus einem solchen großen Traum hervor. Hier muss man aber vorsichtig sein: Handelte es sich wirklich um einen Traum oder um viele kleine Träume - oder um Träume überhaupt?

In *Erinnerungen, Träume, Gedanken* liest man, dass die Arbeit am *Roten Buch* ihren Anfang nahm, als Jung Mitte Oktober 1913 eine Zugreise von Küsnacht nach Schaffhausen machte. Während dieser Reise soll Jung „plötzlich von einem Gesicht befallen" worden sein, in dem er „eine ungeheure Flut, die alle nördlichen und tiefgelegenen Länder zwischen der Nordsee und den Alpen bedeckte", sah, was ihn „verwirrte" und ihm „übel" werden ließ (vgl. Jung, Jaffé, 1962, S. 179). Das soll der Einstieg in eine Reihe von unterschiedlichen Fantasien gewesen sein, die dem *Roten Buch* zugrunde liegen. Handelt es sich bei diesen Fantasien um Träume? Oder sind es Visionen?

Einerseits ist diese Frage nicht so wichtig. Denn was zählt am *Roten Buch*, ist, dass Jung damit von der Freud'schen Psychoanalyse Abschied nahm. Ja, George Hogenson hat die These aufgestellt, dass das *Rote Buch* als Projekt die einzige Methode für Jung war, sich von der „double bind" der Freud'schen Theorie zu distanzieren (vgl. Hogenson, 2014). In der bisherigen psychoanalytischen Traumtheorie galt der Traum als ein Rebus oder ein Bilderrätsel. Im sechsten Kapitel der *Traumdeutung* schreibt Freud:

Ein solches Bilderrätsel ist nun der Traum, und unsere Vorgänger auf dem Gebiete der Traumdeutung haben den Fehler begangen, den Rebus als zeichnerische Komposition zu beurteilen. Als solche erschien er ihnen unsinnig und wertlos.

Freud, 1972, S. 281

In dieser Konzeption des Traumes wird die sprachliche Dimension an ihr betont – freilich eine Dimension, die später von Jacques Lacan weiterentwickelt wurde, bis das Unbewusste sich gänzlich in Sprache auflöste. Dagegen lehnt Jung diese logozentrische Deutung des Traumes ab und unterstreicht statt dessen ihre visuellen Aspekte. Daher sein Interesse für den Traum als Vision, seine Betonung des bildlichen Elementes und seine Beschäftigung mit Sequenzen von Visionen (vgl. Jung, 1977).

Vom Anfang an hat sich Jung stets für Sequenzen von Bildern interessiert, wie die Visionen von Miss Miller in *Symbole und Wandlungen der Libido* (1911/1912), die Reihe von Bildern in *Zur Empirie des Individuationsprozesses* (1934; 1950) oder die Sequenz von Holzschnitten aus dem alchemistischen Traktat *Rosarium philosophorum* in der *Psychologie der Übertragung* (1946). Seit der Veröffentlichung des *Rotes Buches* wissen wir, dass einige der Mandalas in Jungs Abhandlungen, *Über Mandalasymbolik* (1950), eigentlich von Jung selber gemalt wurden; und nicht zu vergessen ist das große Seminar von 1934 bis 1939 über die Visionen von Christiana Morgan (Jung, 1997).

Aus seinen eigenen Erfahrungen soll Jung entdeckt haben, dass Bilder, gerade weil sie eine Sequenz sind, anders als einzelne Träume auszulegen sind. Diese Sequenz birgt eine Dynamik in sich, sie hat ein Telos oder zumindest eine Richtung. Das heißt, die Bilder sagen uns etwas über die Zukunft; mehr noch – und das ist, so scheint mir, das ganze Wagnis der Analytischen Psychologie –, sie ermöglichen diese Zukunft, ja sie bringen sogar die Zukunft zustande! Das heißt auch: Bei Jung tritt die Sprache in den Hintergrund und das Bild in den Vordergrund. Diesen Unterschied zwischen Jung und Freud könnte man folgendermaßen auch charakterisieren: Freuds Traumtheorie ist eine Theorie der Immanenz, Jungs Traumtheorie dagegen ist eine Theorie der Transzendenz. Die Frage über die visionären Komponente von Jungs Fantasien ist sehr wichtig, ja entscheidend. Denn sie lenkt unsere Aufmerksamkeit darauf, dass Jung – vor allem nach seinem Bruch mit Freud – auch einer anderen Tradition zuneigt, die völlig anders ist als die, aus der Freud schöpfte.

Gleichwohl ist es eine sehr theoretische Tradition, denn was heißt eigentlich Theorie? Etymologisch gesehen, kommt das Wort aus dem Griechischen theorein (beobachten, betrachten, anschauen, schauen) und bedeutet so viel wie Anschauung, Überlegung oder Einsicht, wissenschaftliche Betrachtung oder aber Betrachtung oder Wahrnehmung des Schönen.

Eine der bedeutendsten Quellen dieser Tradition ist der Neuplatonismus im Allgemeinen und das Denken dessen Vertreters Plotin (205-270) insbesondere. Bei Plotin wird das Eine als etwas Absolutes und Transzendentes gesetzt, jenseits der Begrifflichkeit; ja, jenseits des Seins. Dank der Hypostasen – dem Nous, den Ideen und der Seele – können wir zur Kenntnis zumindest einiger Aspekte des Einen gelangen, und zwar durch die Theoria oder die Kontemplation (vgl. Jacob, 1991; Böhm, 1996, S. 70 ff.). Als der klassische Text, in dem es um die kontemplative Theoria geht, gilt Plotins Enneade über *Die Natur, die Betrachtung und das Eine*, die auf diese eindrückliche und denkwürdige Weise sich eröffnet:

Wenn wir nur spielend fürs erste, ehe wir uns an den Ernst machen, behaupteten: Nach der Betrachtung verlangen alle Dinge, auf dieses Ziel richten sie sich [...]; und alle Dinge erlangen die Betrachtung in dem Grade, in dem es ihnen in ihrem naturgemäßen Zustand möglich ist [...] – ertrüge man wohl das Unerwartete unseres Vorgehens? Nun, die Darlegung geht nur an uns, da kann es keine Gefahr bringen, wenn wir spielen mit dem, was unser eigen ist. Ist denn aber auch unsere gegenwärtige Betrachtung selber nur Spiel?
Plotin, 1973, S. 37

Bei Plotin und in dieser Tradition ist es wichtig, dass die Theoria oder die Betrachtung vom Gegenspieler der Betrachtung begleitet wird, d. h. der Hervorbringung. Auf diese Tradition scheint Goethe – trotz all seiner antiplatonischen Polemik an anderer Stelle – hinzuweisen, wenn er im Vorwort zur *Farbenlehre* sagt:

Denn das bloße Anblicken einer Sache kann uns nicht fördern. Jedes Ansehen geht über in ein Betrachten, jedes Betrachten in ein Sinnen, jedes Sinnen in ein Verknüpfen, und so kann man sagen, daß wir schon bei jedem aufmerksamen Blick in die Welt theoretisieren.

Goethe, 1960, S. 317

Insofern wäre es vielleicht nicht ganz richtig, zwischen Jungs Theorie in seinen wissenschaftlichen Schriften einerseits und seiner Praxis im *Roten Buch* andererseits zu unterscheiden. Insofern dass es eine Vision ist, ist das *Rote Buch* nicht schon an und für sich eine Theorie? Denn was Jung in den Erfahrungen, die dem *Roten Buch* zugrunde liegen, und deren Bearbeitung im Roten Buch, das nur als Endresultat uns vorliegt, entdeckt, ist die Macht der *Bilder*.

Die Macht der Bilder

Diese Macht der Bilder wird von Jung an verschiedenen Stellen betont. Im Kapitel *Die Wüste* sagt er:

Denke fleißig den Bildern nach, die uns die Alten hinterlassen haben. Sie weisen den Weg des Kommenden. Schaue zurück auf den Zusammenbruch der Reiche, auf Wachstum und Tod, auf Wüste und Klöster, sie sind die Bilder des Kommenden.

Jung, 2009, S. 236

Christiana Morgan riet er:

Ich rate Ihnen, es alles so schön wie möglich niederzuschreiben – in ein schön gebundenes Buch. Es wird so aussehen, als würden Sie die Visionen banalisieren – aber gerade das müssen Sie tun, denn damit befreien Sie sich von ihrer Macht.

Jung, 2009, S. 218

Und in *Erinnerungen, Träume, Gedanken* wird der Gedanke sogar erwogen, ob es eine ethische Verpflichtung diesen Bildern gegenüber gibt (vgl. Jung, Jaffé, 1962, vgl. S. 190). Die Frage der ethischen Verantwortung oder Verpflichtung den Bildern gegenüber muss an anderer Stelle erörtert werden: Klar ist jedoch, dass es im *Roten Buch* eine merkwürdige Beziehung zwischen den Bildern und dem Tod gibt.

Die Bilder und der Tod

Denn eines der Kernthemen im *Roten Buch* ist die Beschäftigung mit dem Tod. Ganz am Anfang im Kapitel *Der Weg des Kommenden* erinnert Jung an seine Vision, die er im Oktober des Jahres 1913 erlebte, als er „eine ungeheure Sintflut" sah – „die gelben Wogen, die schwimmenden Trümmer und den Tod von ungezählten Tausenden" (vgl. Jung, 2009, S. 230).

In *Höllenfahrt in die Zukunft* betet Jung darum, vor seinem „eigenen Wissen", vor dem „kluge[n] Erklären, d[er] Wissenschaft" und vor allem vor „der Schlange des Urteils, die nur der Oberfläche eine Heilschlange ist, in deiner Tiefe aber höllisches Gift und qualvolles Verenden", geschützt zu werden (vgl. Jung, 2009, S. 238).

In seiner Vision vom gemordeten, blonden Helden sieht Jung „de[n] schwarze[n] Käfer", der „der Tod, der zur Erneuerung nötig ist", dargestellt (Jung, 2009, S. 239).

Und im Kapitel Zerspaltung des Geistes deutet Jung seine Erlebnisse und Visionen folgendermaßen:

Es war ein Wüstengesicht, ich kämpfte mit meinen eigenen Spiegelbildern. Es war Bürgerkrieg in mir. Ich war mir selber Mörder und Gemordeter. Mir stak der tödliche Pfeil im Herzen, und ich wusste nicht, was es bedeuten sollte. Meine Gedanken waren Mord und Todesangst, die wie Gift sich überall in meinem Körper verbreiteten. Und so war das Schicksal der Völker [...]"

Jung, 2009, S. 241

Im Kapitel *Heldenmord* deutet Jung eine Vision von Siegfried ausdrücklich so:

Nach diesem Traumgesicht aber ging ich durch eine Qual bis zum Tode und ich fühlte es als sicher, dass ich mich selber töten müsse, wenn ich das Rätsel des Heldenmordes nicht lösen könne.

Jung, 2009, S. 241

Daraufhin erlebte er ein weiteres „Gesicht" von einem „herrlichen Garten", worin „Gestalten, in weiße Seide gekleidet" gingen. Im Kapitel *Gottes Empfängnis* kommt Jung zu einer Art Einblick in die psychologische Realität, die er in folgenden Worten verkündet:

Wie, wenn nun infolge der Gewalttat die Tiefe sich in den Tod verwandelt hat? Die Tiefe aber hat sich in den Tod verwandelt; darum gab sie tausendfältigen Tod von sich, als sie erwachte. Den Tod können wir nicht erschlagen, denn wir haben ihm schon alles Leben genommen. Wenn wir den Tod noch überwinden wollen, dann müssen wir ihn beleben.

Jung, 2009, S. 243 f.

Weiterhin in diesem Kapitel heißt es, „Eindeutigkeit" sei „Einseitigkeit" und führe „zum Tode"; dagegen sei „Zweideutigkeit" „der Weg des Lebens" (vgl. Jung, 2009 S. 244).

Und im letzten Kapitel des *Liber primus* und dessen Höhepunkt, *Lösung*, wird ein Erlebnis dargestellt, in dem Jung zum Christus bzw. zum Deus Leontocephalus des Mithraismus wird. Sehr deutlich ist an dieser Stelle die Anspielung auf Apuleius' *Metamorphosen*, wo Lucius in die Mysterien der Isis eingeführt wird:

Ich nahte mich der Grenzscheide zwischen Leben und Tod und schritt über Proserpinas Schwelle."

Jung, 2009, S. 252, Fußnote 212

Im *Liber secundus* begegnet Jung dem Tod in verschiedenen Gestalten: Im Kapitel *Das Schloss im Walde* in der Gestalt des schlanken Mädchens, „blass wie der Tod" (Jung, 2009, S. 262); und im Kapitel *Einer der Niedrigen* in der Gestalt des Landstreichers, der in seinem Zimmer Blut aushustet und an ihm erstickt (Jung, 2009, S. 266). Letzteres stimmt Jung nachdenklich, sehr nachdenklich:

Der Tod? Deckt er nicht den furchtbaren Betrug des Lebens auf? [...] Der Tod ist eingezogen – und es ist keiner mehr da zum Wehklagen. Dieses ist eine letzte Wahrheit und kein Rätsel. Welche Täu-

schung konnte uns an Rätsel glauben machen? Wir stehen auf den spitzen Steinen von Elend und Tod.

Jung, 2009, S. 266

In einer geradezu hymnischen Textstelle erlangt Jung „die Erkenntnis vom Tode, von weltumfassenden Sterben":

Ich sah, wie wir in den Tod hineinleben, wie das schwankende goldene Korn zusammensinkt unter der Sense des Schnitters, wie eine glatte Meereswoge auf dem Strande.

Jung, 2009, S. 267

Man lese diese ganze Seite, eine wahrhafte Meditation über den Tod.

Schließlich gibt es das Kapitel, das schlichtweg heißt: *Der Tod*. Hier begegnet Jung einem blassen, mageren Mann, der einen schwarzen faltigen Mantel trägt. Nach einem Gespräch mit diesem Mann fasst Jung seine Thesen über den Tod in Aphorismen zusammen:

Wir bedürfen der Kälte des Todes, dass wir klar sehen. Das Leben will leben und sterben, anfangen und aufhören.
Die Freude an den kleinsten Dingen kommt dir erst, wenn du den Tod angenommen hast.
Der Tod reift. Man bedarf des Todes, um Früchte ernten zu können

Jung, 2009, S. 274

In diesen Überlegungen finden wir *last but not least* eine wichtige Beziehung zwischen dem Tod, der Gewalt und der Schönheit:

Ich ahne Blut und Mord. Allein Blut und Mord sind noch erhaben und haben ihre ihnen eigentümliche Schönheit. Aber es ist das Unannehmbare, das schrecklich Widerwärtige, das, was ich je und je verworfen habe, was sich in mir erhebt.

Jung, 2009, S. 275

Um dieses Unannehmbare und Widerwärtige zu veranschaulichen, verendet Jung am Schluss dieses Kapitels „auf einem Misthaufen, während friedliche Hühner [ihn] umgackern und verständnislos Eier legen" (vgl.

Jung, 2009, S. 275). Hier sieht man, wie Jungs Methode der Darstellung im *Roten Buch* darin besteht, in konkreten Situationen seinen geistigen oder psychischen Zustand widerzuspiegeln. Daher ist es nur konsequent, dass im nächsten Kapitel, *Die Reste früherer Tempel*, die Figur des Todes als eines mageren, blassen Mannes ersetzt wird durch die Figur eines „langaufgeschlossene[n], magere[n] Menschen mit kindischem Gang und missfarbener, roter Kleidung" (vgl. Jung, 2009, S. 275) – die Figur des Roten, dem Jung schon im ersten Kapitel des *Liber secundus* begegnet war, besser bekannt als – den Teufel.

Nach einem Gespräch mit dem Roten fängt ein weiteres spirituelles Abenteuer, die nächste psychische Stufe in Jungs Entwicklung an; und an diesem Beispiel wird das Strukturprinzip des *Roten Buches* sichtbar, durchaus vergleichbar mit dem in Goethes *Faust II* — das Prinzip von Anfang, Ende und wieder Anfang, das sich ständig wiederholt. Diese Stufe kulminiert in eine weitere Verwandlung, die Jung durchmacht — und er wird zum Grünen Mann:

Als ich den Tod und all das schrecklich Erhabene, das um ihn her gelagert ist, gesehen hatte und selber zu Nacht und Eis geworden war, da hub ein ärgerliches Leben und Treiben in mir an. Mein Durst nach den rauschenden Wassern tiefsten Wissens fing an, mit Weingläsern zu klirren; ich hörte von Ferne trunkenes Gejöhle, Weibergelächter, Straßenlärm, Tanzmusik, / Stampfen und Jauchzen quoll aus allen Ritzen, und statt des rosenduftenden Südwindes umflutete mich der Brodem des Menschentieres. [...] Ich war von unten ins Leben hineingeboren, und ich wuchs auf, wie die Helden wachsen, in Stunden so viel wie Jahren. Und als ich aufgewachsen war, da fand ich mich im mittleren Lande und sah, dass Frühling war. Aber ich war nicht mehr der Mensch, der ich gewesen war, sondern ein mir fremdartiges Wesen durchwuchs mich. Dieses Wesen war ein lachendes Waldwesen, ein blättergrüner Unhold.

Jung, 2009, S. 276

Was ergibt sich aus dieser Beschäftigung mit dem Tod? Anders gesagt, was ist Jungs Vision des Todes? Einerseits ist Jungs Einstellung dem Tode gegenüber sehr klassisch: Er zitiert Cicero, der in *Cato maior de senectute* schreibt:

Die sattsame Befriedigung aller Wünsche bewirkt ein Satthaben des Lebens – hat man aber eine befriedigende Sättigung des Lebens erfahren, ist es Zeit zu sterben"

zit. nach Jung, 2009, S. 294, Fußnote 174

Andererseits ist Jungs Einstellung dem Tode gegenüber sehr modern: Im Entwurf zum *Roten Buch* heißt es, Nietzsche sei ein Prophet und ein Anwalt der Toten gewesen:

Es ging uns ein Prophet voraus, den die Gottesnähe rasend gemacht hatte. Er wütete verblendet in seiner Predigt gegen das Christentum, aber er war der Anwalt der Toten, die ihn zum Sprecher und zur tönenden Posaune erkoren haben. Er schrie mit überlauter Stimme, sodass viele ihn hörten, und die Macht seiner Sprache brannte auch den Widerstrebenden. Er lehrte den Kampf gegen das Christentum. Auch dieses war gut. [...] Danach wende dich zu den Toten, deren Anwalt du bist, höre ihre Klage und nimm dich ihrer mit Liebe an. Sei nicht ihr verblendeter Sprecher, wie jener rasende Prophet, der nicht wusste, wessen Sache er führte, sondern glaubte, aus sich selber zu reden, und sich für den Willen der Zerstörung selber hielt.

zit. nach Jung, 2009, S. 296 und Fußnoten 181, 182 und 183)

Im Kapitel *Nox secunda* spielen die Toten selber eine große Rolle, vor allem weil diese Toten *die* Toten schlechthin sind:

Diese Figuren sind die Toten, nicht bloß deine Toten, nämlich alle die Bilder deiner vergangenen Gestaltung, die dein fortschreitendes Leben hinter sich ließ, sondern die Massen der Toten der menschlichen Geschichte, die Geisterzüge der Vergangenheit, die ein Meer ist gegenüber dem Tropfen deiner eigenen Lebensdauer. Ich sehe hinter dir, hinter dem Spiegel deines Auges das Gedränge gefährlicher Schatten, der Toten, die aus leeren Au-

genhöhlen gierig blicken, die stöhnen und hoffen, das Ungelöste aller Zeiten, das in ihnen seufzt, durch dich zur Erfüllung zu bringen.

Jung, 2009, S. 295

Es sind diese Toten, die in den *Prüfungen* Jung erklären, dass sie „zurück von Jerusalem" kommen, wo sie „nicht fanden", was sie „suchten" (vgl. Jung, 2009, S. 344). Dann folgen ihre Belehrungen, die sonst als die *Septem sermones ad mortuous* gekannt sind und dem Gnostiker Basilides zugeschrieben sind (vgl. Jung, 2009, S. 344, Fußnote 81).

Die Sehnsucht der Toten nach Erlösung

Erstaunlicherweise geht aus dem Kapitel *Nox secunda* hervor, dass die Toten selber der „Erlösung" bedürfen (vgl. Jung, 2009, S. 296). Noch erstaunlicher ist die Antwort auf die Frage: Wer wird die Toten erlösen? Diese Aufgabe, so Jung, obliegt uns. Und wie werden wir die Toten erlösen?

Hier kommen wir zu einem Kernbegriff der abendländischen Spiritualität, den man unter anderem bei Platon, Plotin, Meister Eckhart und F. W. J. Schelling findet (vgl. Bishop, in Kürze erscheinend). Laut Schelling wohnt uns allen „ein geheimes, wunderbares Vermögen" bei, „uns aus dem Wechsel der Zeit in unser innerstes, von allem, was von außen hinzukam, entkleidetes Selbst zurückzuziehen und da unter der Form der Unwandelbarkeit das Ewige in uns anzuschauen" (vgl. Schelling, 1856, S. 318). Was bei Schelling ein Vermögen ist, wird bei Jung zu einer Pflicht – zu einem „verborgene[n] und seltsame[n] Werk", das man „im Geheimen" zu tun hat, und zwar „um der Toten willen":

Es gibt ein notwendiges, aber verborgenes und seltsames Werk, ein Hauptwerk, das du im Geheimen zu tun hast, um der Toten willen. Wer immer zu seinem sichtbaren Acker und Weinberg nicht gelangen kann, der ist von den Toten gehalten, die das Sühnwerk von ihm verlangen. Und bevor er dieses nicht erfüllt hat, kann er zu seinem äußeren Werk nicht gelangen, denn die Toten lassen ihn nicht. Er gehe in sich und tue im Stillen nach ihrem Geheiß und vollende das geheime, damit die

Toten ihn entlassen. Blicke nicht zu viel vorwärts, sondern zurück und nach innen, damit du die Toten nicht überhörst.

Jung, 2009, S. 296

Anstatt „uns aus dem Wechsel der Zeit in unser innerstes [...], entkleidetes Selbst zurückzuziehen", fordert Jung uns auf, nicht nur „das Ewige in uns anzuschauen", sondern uns produktiv und vor allem versöhnend mit der Vergangenheit umzugehen. Auf diese Weise können wir die Toten erlösen – und dabei vielleicht uns selber.

Die Vision der Versöhnung als Kulturauftrag der Analytischen Psychologie

Das große Thema der Versöhnung bei Jung ist mit seiner Auffassung der deutschen Kultur eng verknüpft; man vergleiche die Inschrift, die ursprünglich über das Eingangstor zu seinem Turm in Bollingen und später über den Eingang des zweiten Turmes geschrieben wurde, „Philemonis Sacrum – Fausti Poenitentias" (Jung, Jaffé, 1962, S. 239; vgl. Barrie 2010).

Das heißt letztendlich auch, dass Jungs *Rotes Buch* eine Vision der Kultur hat – des Kulturauftrags der Analytischen Psychologie, wie sie hier in *Erinnerungen, Träume, Gedanken* programmatisch zusammengefasst wird: „die Respektierung der ewigen Menschenrechte, die Anerkennung des Alten und die Kontinuität der Kultur und der Geistesgeschichte" (vgl. Jung 1962, S. 239).

Lässt sich das *Rote Buch* und die Analytische Psychologie überhaupt als eine Art Vorbereitung auf den Tod verstehen? Wenn ja, dann wäre das den platonischen und neuplatonischen Wurzeln der Analytischen Psychologie gerecht. Im Dialog *Phaidon* behauptet Sokrates im Gespräch mit Simmias und Kebes:

Alle, die sich in rechter Weise mit Philosophie befassen, haben es im Grunde auf nichts anderes abgesehen als darauf, zu sterben und tot zu sein"

Plato, *Phaidon*, 64a; S. 38

Daher verdient Jungs *Rotes Buch* im Lichte des Kapitels *Über das Leben nach dem Tode* in *Erinnerungen, Träume, Gedanken* gelesen zu werden, nicht nur weil Jung hier die *Septem Sermones ad mortuos* wieder aufnimmt (vgl. Jung, Jaffé, 1962, S. 310 f.) und auf eine bedeutende Weise auf die berühmte Schlussszene des *Faust II* anspielt (vgl. Jung, Jaffé 1962, S. 312), sondern weil er hier auch eine Vision der Lebensführung skizziert, die man wohl als eine Vision des gelungenen Lebens beschreiben kann.

Auch in diesem Zusammenhang kommt es wieder einmal auf die Kultur an:

Die unbewußte Ganzheit erscheint mir daher als der eigentliche spiritus rector alles biologischen und psychischen Geschehens. [...] Bewußtwerdung ist Kultur im weitesten Sinne und Selbsterkenntnis daher Essenz und Herz dieses Vorgangs.

Jung, Jaffé, 1962, S. 327

Was Jung hier beschreibt, definiert genau die psychologische Dynamik, die in seinem *Roten Buch* veranschaulicht, man kann wohl sagen: *envisioned* wird:

Wie [die Allzuklugen] ist auch [der Mensch] der Unbewußtheit zum Oper gefallen. Die Aufgabe des Menschen nämlich wäre ganz im Gegenteil, sich dessen, was vom Unbewußtem her andrängt, bewußt zu werden, anstatt darüber unbewußt oder damit identisch zu bleiben

Jung, Jaffé, S. 329

Weil er diese Dynamik auf eine anschauliche, ja visionäre Weise anschaulich macht, verdient das *Rote Buch,* in die Reihe von großen Werken wie etwa Dantes *Divina Commedia*, Goethes *Faust* und Nietzsches *Also sprach Zarathustra* eingereiht zu werden. Im wahrsten Sinne des Wortes, *It's a vision thing*.

Literatur

Barrie, T. (2010): Carl Jung's House in Bollingen: Architecture as a Medium of Transformation, in: The Sacred In-Between: The Mediating Roles of Architecture. Abingdon and New York: Routledge, S. 64-80

Bishop, P. (in Kürze erscheinend): Eine „Kathedrale des Geistes"? Spiritualität und Ästhetik in Jungs Rotem Buch, in: Analytische Psychologie

Böhm, T. (1996): Theoria — Unendlichkeit — Aufstieg: Philosophische Implikationen zu „De Vita Mosis" von Gregor von Nyssa. Leiden: Brill

Freud, S. (1972): Die Traumdeutung [Studienausgabe, Bd. 2]. Frankfurt am Main: Fischer

Goethe, J. W. (1960): Werke, Bd. 13, Naturwissenschaftliche Schriften, hrsg. Dorothea Kuhn & Rike Wankmüller, Hamburg: Wegner

Hogenson, G. (2014): „The wealth of the soul exists in images". In: *Kirsch, T. & Hogenson, G.* (Hrsg.): The Red Book: Reflections on C. G. Jung's *Liber Novus*, London and New York: Routledge, S. 94-107.

Jacob, A. (1991): De Naturae Natura: A Study of Idealistic Conceptions of Nature and the Unconscious. Stuttgart: Franz Steiner.

Jung, C. G., Jaffé, A. (1962): Erinnerungen, Träume, Gedanken von C. G. Jung. Olten und Freiburg i. Br.: Walter

Jung, C. G. (1973): Briefe 3. Olten: Walter

Jung, C. G. (1997): Visions: Notes of the Seminar given in 1930-1934. Princeton, NJ: Princeton University Press

Jung, C. G. (2009): Das Rote Buch. Ostfildern: Patmos

Platon (2004): Sämtliche Dialoge. Hrsg. Otto Apelt, Bd. 2. Hamburg: Meiner

Plotin (1973): Ausgewählte Schriften. Hrsg. Walter Mag, Stuttgart: Reclam

Schelling, F. W. J. (1856): Sämtliche Werke, Bd. I.1. Hrsg. K.F.A. Schelling. Stuttgart und Ausgburg: Cotta.

Paul Bishop
Paul Bishop ist William Jacks Chair of Modern Languages an der Universität Glasgow. Autor von u.a. On the Blissful Islands: With Nietzsche & Jung (Routledge, 2016); Reading Goethe at Midlife (Spring, 2011); Analytical Psychology & German Classical Aesthetics, 2 Bde (Routledge, 2007-2008); Herausgeber von The Archaic (Routlede, 2011); Jung in Contexts (Routledge, 1999).

Der integrale Mensch der Zukunft

- *Das Nirmanakaya*-Zeitalter wird eine Gesellschaft von Frauen und Männern mit sich bringen, die zu einem ersten flüchtigen Blick in die Transzendenz fähig sind.*

- *Sie werden beginnen, ihr gemeinsames Menschsein und ihre Brüderschaft/ Schwesternschaft besser zu verstehen.*

- *Sie werden die ihnen durch die natürlichen körperlichen Unterschiede von Hautfarbe und Geschlecht mitgegebenen Rollen transzendieren.*

- *Ihre mental-psychische Klarheit wird wachsen.*

- *Sie werden Entscheidungen sowohl auf der Basis von Intuition wie von Rationalität treffen.*

- *Sie werden in jeder einzelnen Seele, ja, in der ganzen Schöpfung dasselbe Bewusstsein sehen und dementsprechend handeln.*

- *Sie werden herausfinden, dass das mental-psychische Bewusstsein die Körperphysiologie beeinflussen und umwandeln kann, und die medizinischen Theorien entsprechend anpassen.*

- *Männer und Frauen werden durch höhere Werte motiviert sein, was ihre wirtschaftlichen Bedürfnisse und die Wirtschaftstheorie drastisch verändern wird.*

- *Sie werden psychisches Wachstum als evolutionäre Transzendenz begreifen und Methoden und Institutionen entwickeln, die nicht nur Gefühlskrankheiten heilen, sondern das Bewusstseinswachstum fördern.*

- *Erziehung wird als eine Disziplin zum Erreichen von Transzendenz betrachtet werden – vom Körper zum Geist zur Seele –, weshalb man die Erziehungstheorie und die ihr dienenden Institutionen reformieren wird, mit besonderer Betonung der hierarchischen Entwicklung.*

- *Man wird in der Technologie ein geeignetes Hilfsmittel zur Transzendenz und nicht nur einen Ersatz dafür sehen; Massenmedien und drahtlose Telekommunikation sowie neuartige Verbindungen zwischen Menschen und Computer werden als Vehikel eines vereinigenden Bewusstseins genutzt werden.*

nach Ken Wilber, 1981, S. 373

* Der Begriff „Nirmanakaya" stammt aus der buddhistischen Lehre und weist auf ein Zeitalter, in dem die Menschen erstmals kollektiv in die Entwicklungsbereiche der Transzendenz vorstoßen, mit entsprechenden Auswirkungen auf die Gestaltung ihrer Lebensverhältnisse.

Ins Gelingen verliebt

Blochs Prinzip Hoffnung

Dieter Knoll

Wir werden erst

Im Studium haben wir Ernst Bloch, den Philosophen der Hoffnung, erlebt und verehrt. Er hat uns gesagt, dass es eine Zukunft gibt, eine von der Vergangenheit unsrer Väter und Mütter unterscheidbare, und dass diese Zukunft im Jetzt beginnt, im „Dunkel des gelebten Augenblicks".

Bloch, der ins Gelingen, in die Hoffnung Verliebte, hat uns betört, fasziniert, er strahlte als alter Mann eine feurige Kraft und Energie aus, vertrat einen vom Grund her unbegrenzten, auf eine freie und offene Interpretation des Marxismus gegründeten Fortschrittsglauben. Vor dem stalinistisch geprägten Kommunismus in Leipzig, wo er einen Lehrstuhl hatte, floh er, der einen weiten Horizont liebte, schließlich ins beschauliche Tübingen. Alle Fachrichtungen versammelten sich in seinen Vorlesungen und Seminaren zur Suche.

Wenn wir heute erkennen müssen, dass sich Räder immer auch rückwärts drehen können und das Gelingen nicht immer gelingt, so wollten wir das damals nicht sehen. Bloch sah durchaus die Gegenkräfte zur Hoffnung in Resignation, Angst, Verzweiflung etc., aber er war von der Entwicklung des Menschen und der Gesellschaften in eine bessere Zukunft hinein überzeugt und belegte dies mit tausenden kulturgeschichtlichen Ausflügen in seinem gesamten Werk. Er sah im Menschen die Hoffnung als Suche oder als Traum von einer besser gestalteten Welt als entscheidendes treibendes Agens. Sie sei eine Vision der noch nicht wirklich erlebten Heimat. Er ging von einer Grundsehnsucht aus, die uns in diese Richtung streben lasse, beginnend mit der einfachen Erfahrung „...daß etwas fehlt, und das Fehlende, das so von vornherein Unzufriedene in seiner Leere [...] sich gestaltend aufheben" will (vgl. Bloch, 1977, S. 166).

Ich bin, aber ich habe mich nicht, also werden wir erst.

Bloch, 1970, S. 13

Dieser Satz Blochs aus der Tübinger Einleitung in die Philosophie könnte über jeder Psychotherapie stehen, aber auch über jedem Leben. Das Werden hört nicht auf, es kann Stagnationen und Stauungen, Wendepunkte geben, aber auch diese sind ein Werden, ja sind sogar Voraussetzung für das Werden.

Der Begriff der Bildung ist in unserem Zusammenhang von besonderem Interesse. Er wurde von Meister Eckehart geprägt und für ihn bedeutete Bildung im übertragenen Sinn, dass wir uns auf den Weg machen, einem Bild zu folgen. Bei ihm war es das in uns schon existierende Bild Gottes, dem wir zustreben, dem wir uns ebenbildlich machen sollten. Dies geschieht, indem der Mensch seine Aufmerksamkeit auf das in ihm wohnende Urbild Christi richtet. Wenn wir psychologisch hinschauen, so ist dies die vielleicht stärkste symbolische Ausdrucksform des Selbst. Unser Werden ist in dieser Sicht ein Weg zur Verwirklichung der im Selbst angelegten Potenziale.

Und immer trägt uns dabei die Hoffnung, die uns von einem Zustand in einen anderen helfen möchte. Es gibt ein fernes und meist nur vage erkennbares Ziel, ein Telos: Es ist das niemals Erreichte und doch angestrebte, anzustrebende. Ohne diese unangreifbare und nicht versiegende Kraft hätte die Menschheit vermutlich nicht überlebt, wäre sie aus ihren selbst verursachten Katastrophen nicht immer wieder aufgestanden.

Unser Bedarf an Hoffnung ist immens. Sie ist lebenserhaltend, ist die hauptsächliche Quelle unsres Voranschreitens und unsrer Fantasie. Nach dem Fall, der Krise, kann die Hoffnung etwas in uns vervollständigen, was uns wieder ganz sein lässt. Die Hoffnung ist grün, wohl weil das Wachsen und Grünen im Frühling den immer wiederkehrenden Neuanfang allen Lebens symbolisiert. „Guter Hoffnung" sein ist Ausdruck für den Frühling des menschlichen Lebens und seine Neugeburt.

Bei Kindern finden wir sie sehr ausgeprägt, sie wissen früh, was sie wollen, brauchen, auch werden wollen, „wenn ich groß bin ...". Pestalozzi betonte, dass es darum gehe, aus dem Menschen (dem Kind) etwas herauszubringen und nicht hinein, also etwas, was schon in ihm da ist, zu locken.

Verena Kast und Andere sehen in der Hoffnung eine Parallele zum Archetyp des göttlichen Kindes (vgl. Müller, 2003, S. 174). Dieses hat ja durch seine unbefangene Kraft des Werdens erlösenden und heilsamen Charakter trotz oder wegen all seiner Hypotheken, die es mitbringt.

Hoffnung zeigt sich in verschiedensten Ausprägungen, so kann sie ganz illusionär sein als Hoffnung auf den Lottogewinn oder ein Wunder, als Hoffnung auf ein jenseitiges Glück, das aus dem Jammertal des Lebens wieder ein Paradies macht. Hoffnung kann auch zum Ideal werden und zuweilen bedeuten Ideale dann eine Verengung, neigen zur Ideologie, zum Fundamentalismus, zum Ausschluss dessen, was nicht ideal ist, während die Hoffnung ja eher weitet, ins Weite will. Nietzsche sieht aber die Hoffnung als das übelste aller Übel:

Zeus wollte nämlich, auch noch so sehr durch die anderen Übel gequält, doch das Leben nicht wegwerfen, sondern fortfahren, sich immer von Neuem quälen zu lassen. Dazu gibt er den Menschen die Hoffnung: Sie ist in Wahrheit das übelste der Übel, weil sie die Qual der Menschen verlängert.

Nietzsche, Frankfurt 1999, S. 273

Bei Platon geht diese Kraft des Strebens von der Idee aus. Die Idee ist außerhalb von uns da, nicht Produkt unsrer eigenen individuellen Fantasie, ist göttlicher Natur und ewig. Sie wird aus dem sinnlichen und geistigen Schauen heraus erkennbar, regt uns an, ihr zuzustreben, bleibt aber immer ein Stück voraus, was das Streben nicht enden lässt.

Eine moderne Variante der platonischen Ideen beschreibt der Hirnforscher Semir Zeki, wenn er von Synthetischen Hirnkonzepten berichtet, die sich nach seiner Auffassung im bildgebenden Verfahren nachweisen lassen und die sozusagen Idealmodelle eines nie zu erreichenden Zustands im schöpferischen Prozess, in der Liebe, der Literatur, der Musik etc. vorstellen. Er schreibt:

Eine Möglichkeit, einem Hirnkonzept näherzukommen, besteht darin, ein Kunstwerk zu schaffen, sei es ein Gemälde, eine Plastik, eine Komposition oder ein literarisches Werk. Doch selbst in diesem Bereich besteht meist ein Missverhältnis zwischen dem Hirnkonzept und dem Produkt künstlerischen Schaffens. [...] Daher ist dauerhafte Unzufriedenheit eine der stärksten Triebkräfte der Kreativität.

Zeki, 2010, S. 66 f.

Dass jedoch Hoffnung sich nicht im Ankommen erfüllt, sondern im Bewegen, wird bei allen Konzepten deutlich. Kaum wähnt man sich angekommen, erwacht die Hoffnung erneut, ist das Erreichte eben ein „noch nicht".

Hoffnung wird also aus dem Mangel und der Sehnsucht nach seiner Beseitigung geboren.

Zieh lieber mit uns fort, etwas Besseres als den Tod findest du überall. "

So heißt es im Märchen, und in der Suche nach der verlorenen Liebe singt Zarah Leander:

Wenn ich ohne Hoffnung leben müsste, wär das Leben ohne Sinn für mich [...] Doch ich weiß, es wird einmal ein Wunder geschehn und dann werden tausend Märchen wahr.

Foto: g-stockstudio, Shutterstock.com, 316507259

Religion: Glaube, Hoffnung, Liebe

Im Paulusbrief steht die Hoffnung mit an vorderster Stelle, wie auch die ganze Bibel sich auf das Hoffen gründet.

Wir sehen jetzt durch einen Spiegel ein dunkles Bild; dann aber von Angesicht zu Angesicht. Jetzt erkenne ich stückweise; dann aber werde ich erkennen, wie ich erkannt bin. Nun aber bleiben Glaube, Hoffnung, Liebe, diese drei; aber die Liebe ist die größte unter ihnen.

1. Korinther 13, Vers 13

Ja, alle Religionen leben von der Hoffnung, bauen ihr gesamtes Glaubensgebäude auf die Hoffnung auf. In der Menschheitsgeschichte sind Göttermythen und religiöse Systeme entstanden, die sozusagen eine Rahmenhandlung für unsere Hoffnung darstellen, etwas, woran wir uns im Zweifel festhalten können. Grundlegend zunächst ist meist die Hoffnung, dass es außer uns, über uns eine Macht, einen Gott, Götter, ein Numinosum gibt, die die Geschicke der Welt und meines persönlichen Schicksals lenken und auf deren Weisheit wir bauen können. Oder es gibt – wie im Buddhismus, im Zen, im Taoismus eine Vision des eins zu werden und zu entkommen aus dem ewigen Kreislauf des Leidens.

Sehr früh schon in der Menschheitsgeschichte sind religiöse Erfahrungen oder Bekenntnisse festzustellen und man kann insofern mit Jung von einem Bedürfnis nach Religion, nach Rückbezogenheit ausgehen oder von dem Wunsch, unsere vage Hoffnung zu verankern.

Von der Hoffnung zur konkreten Utopie bei Bloch

Oft entwickelt sich Hoffnung im Lauf des Lebens in unrettbare zunehmende Resignation hinein und dann stirbt nicht die Hoffnung, sondern die Resignation zuletzt. Sie kann aber auch sehr konkret sein, indem sie sich ganz auf ein Ziel strebend hin bewegt, hin arbeitet, das wäre dann bei Bloch die „wissend konkrete Hoffnung" oder die „konkrete Utopie". Sie ist keine Zuversicht, denn sie ist nicht Gewissheit, sondern eben nur Hoffnung. Zuversicht wäre schon zu erwartungssicher, zu festgelegt, während sich die Hoffnung gestaltend ins Offene hineinbewegt. „Komm, ins Offene, Freund!", schreibt Hölderlin. (Hölderlin, 1981, S. 296) Hoffnung ist die Rettung aus solcher Resignation oder Angst:

Und zur Angst, gar zum Nichts der Verzweiflung verhält sie sich mit derart bestimmter Macht, daß sich sagen läßt: Die Hoffnung ersäuft die Angst.

Bloch, 1976, S. 126

Wissend-konkrete Hoffnung also bricht subjektiv am stärksten in die Furcht ein, leitet objektiv am tüchtigsten auf die ursächliche Abstellung der Furcht-Inhalte hin. Mit der kundigen Unzufriedenheit zusammen, die zur Hoffnung gehört, weil sie beide aus dem Nein zum Mangel entspringen.

Bloch, 1976, S. 3

Kindheit und Jugend sind auch für Bloch symbolischer Ausdruck für die voranschreitende Hoffnung:

Die Stimme des Andersseins, Besserseins. Schönerseins ist in diesen Jahren so laut wie unabgenützt; das Leben heißt ‚Morgen‘, die Welt ‚Platz für uns‘ … Die Sehnsucht nach dem Leben Erwachsener treibt an, doch so, daß dieses Leben gänzlich umgeändert werden sollte.

Gute Jugend glaubt, daß sie Flügel habe und daß alles Rechte auf ihre herbeibrausende Ankunft warte, ja erst durch sie gebildet, mindestens durch sie befreit werde.

Bloch, 1976, S. 132

Vom Dunkel ins Helle
Ausgangspunkt ist bei Bloch zunächst aber das „Dunkel des gelebten Augenblicks" oder „Das Hier und Jetzt als dunkelste Stelle".

Nicht das Fernste also, sondern das Nächste ist noch völlig dunkel und eben deshalb, weil es das Nächste, das Immanenteste ist; in diesem Nächsten steckt der Knoten des Daseinsrätsels.

Bloch, 1976, S. 341

Bloch geht es dabei um das Erkennen der dialektischen Gestalt des eben jetzt Geschehenden und um die Schwierigkeit dieses Erkennens selber, die Kräfte der Verdunkelung, die sich ihm entgegenstellen. „Dunkler Augenblick" beschreibt dabei das aktuelle Geschehen, die aktuelle Wirklichkeit mit Umfeld:

„Wir sehen jedenfalls nicht, was wir leben. Was gesehen werden soll, muß vor uns gedreht werden. Erst dadurch können wir es vor uns hin halten und bleiben darin nicht unmittelbar. Das nur Gelebte, nicht Erlebte und so auch nicht Erblickbare ist uns am dunkelsten, ist buchstäblich am wenigsten heraus-gebracht.

Bloch, 1977, S. 13

Dieser Augenblick, dessen Gestalt zunächst im Dunkel bleibt, enthält nach Bloch als Latenz das, was möglich ist oder werden kann im positiven und negativen Sinn. Sie entfalte sich mit fortschreitender Handlungserfahrung und genauerer Zielrichtung zu einer prozesshaften Bewegung und münde schließlich in eine konkrete Utopie in Form einer Zielvision mit konkreten Handlungskonzepten. Das Jetzt ist sowohl Ziel als auch Quelle und Ursprung: Es ist noch weitgehend unbestimmt und von daher auch bedrohlich, ängstigend und hoffnungserregend zugleich. Dieses Jetzt, diese Latenz entwickeln sich nicht von alleine, sondern sie bedürfen der tätigen Entwicklungsarbeit, der Erhellung, der „aktiven Tendenzkunde" (vgl. Bloch, 1976, S. 346).

Die Verarbeitungsformen des Augenblicks enthalten in verschiedener Gewichtung beides: sowohl das der hoffenden Seite folgende entschiedene Bekenntnis, als auch die der ängstigenden Seite folgende Resignation. Obwohl bei Bloch beides als Möglichkeit erscheint, ist die Seite der Hoffnung sein Credo. Anders ausgedrückt, müssen „Kältestrom", die nüchterne Bedingungsanalyse und „Wärmestrom" in Form von Intention, Vision, Ziel zusammenkommen, um eine wirkmächtige Utopie zu gebären. Wärmestrom aber ist auch eben hoffen, sehnen, wollen, wünschen (vgl. Bloch, 1976, S. 235 ff.)

Subjektiv wird bei ihm die dominierende Bewegung nach vorn besonders im Tagtraum sichtbar, als einem Entwurf, einem Plan gegen das „schlecht Vorhandene".

Und genau an dieser Stelle nun bildet sich das, was das Wunschhafte in den Erwartungsaffekten, den allemal dem Hunger entspringenden, aufreizt, was gegebenenfalls ablenkt und erschlafft, gegebenenfalls aber auch aktiviert und aufs Ziel des besseren Lebens hin spannt: Es bilden sich Tagträume. Sie kommen allemal von einem Mangeln her und wollen es abstellen, sie sind allesamt Träume von einem besseren Leben. Kein Zweifel, unter ihnen gibt es niedere, windige, trübe, bloße entnervende Fluchtträume, mit lauter Ersatz darin, wie bekannt. … Aber wie viele andere Wunschtagträume haben, indem sie vom Wirklichen nicht wegsahen, sondern konträr in seinen Fortgang, in seinen Horizont hineinsahen, Menschen am Mut und an der Hoffnung erhalten. Wie viele haben das Nicht-Entsagenwollen bekräftigt, im Gang des Vorwegnehmens, des Überschreitens und seiner Bilder.

Bloch, 1976, S. 85

Auch das Träumen hat bei Bloch zwei Seiten: Es ist Nahrung für die Hoffnung und drängt auf Verwirklichung der in der Realität angelegten Möglichkeiten, es lenkt aber auch ab von ihr. Als vorantreibende Kraft ist es unentbehrliche Voraussetzung für veränderndes Handeln des Subjekts, und es hält dieses Verändernwollen am Leben, ist somit der Ursprung für alle Utopie. Das klingt schon fast therapeutisch und weist Parallelen auf zu unsrer Vorstellung vom Jetzt als wesentlichem Fokus. Aber obwohl wir es hier mit einem nah verwandten Konstrukt zu tun haben, ist es bei Bloch jedoch nicht therapeutisch gemeint, auch nicht positivistisch, sondern als analytische Erweiterung seiner allerdings nicht orthodoxen marxistischen Sicht vom gesellschaftlichen Leben und der Kraft des Subjekts.

Bloch und die Tiefenpsychologie

An Freuds Psychoanalyse und insbesondere am Denken Jungs übte Bloch ebenso harsche wie fragwürdige und recht unkundig erscheinende Kritik. T. Evers hat sich intensiv mit dem Bezug zwischen Bloch und Jung befasst und schreibt:

Könnte es sein, dass die Schärfe der Ablehnung nicht so sehr in den offensichtlichen Verschiedenheiten beider Denker gründet, sondern eher in verborgenen Gemeinsamkeiten?"

Evers, 2003, S. 211 ff.

Zweifellos sind die Parallelen zwischen Bloch und C. G. Jung unverkennbar. Wir streben irgendwohin, solange wir leben, wir gehen vorwärts, manchmal zurück, was auch ein Vorwärts sein kann. Wir wissen ja um die Bedeutung der heilsamen Regression – „das Sinken geschieht um des Steigens willen", heißt es im Talmud.

Bei Jung ist das prospektive, das vorausschauende, das Lösung suchende, das finale Element von herausragender Bedeutung, ebenso das Hier und Jetzt als Ausgangspunkt aller Prozesse. Ohne die finale Kraft wäre ein therapeutischer Prozess nicht möglich, ja unsinnig.

Im analytischen Prozeß, d. h. in der dialektischen Auseinandersetzung zwischen dem Bewußtsein und dem Unbewußten, gibt es eine Entwicklung, ein Fortschreiten zu einem Ziel oder Ende, dessen schwer zu enträtselnde Natur mich über viele Jahre beschäftigt hat … Solche Erfahrungen haben mich zuerst in der Annahme bestärkt, dass es in der Seele einen von äußeren Bedingungen sozusagen unabhängigen, zielsuchenden Prozess gebe.

Jung, 1984 a, § 3 f.

Und noch ein Anderes ist bei beiden Denkern sehr in der Nähe. Für Bloch ist der Begriff des Überschreitens wichtig. Es ist die zunächst nicht sichtbare innere und äußere Grenze, die es zu überwinden gilt und im Überwinden geschieht Wesentliches:

Der Mensch ist dasjenige, was noch vieles vor sich hat. Er wird in seiner Arbeit und durch sie immer wieder umgebildet. Er steht immer wieder vorn an Grenzen, die keine mehr sind, indem er sie erkennt, er überschreitet sie. Das Eigentliche ist im

Menschen wie in der Welt ausstehend, wartend, steht in der Furcht, vereitelt zu werden, steht in der Hoffnung, zu gelingen."

Bloch, 1976, S. 284 f.

Das Erkennen ist zugleich das Überschreiten und es geschieht durch das Bewusstwerden der Grenzen, in denen wir uns bewegen, an denen wir stehen. Bei Jung entspräche dem der Schritt, unseren Schatten wahrzunehmen und anzuerkennen, ein schmerzhafter, aber unseren Erkenntnisraum weitender Schritt auf dem Weg der Individuation. In diesen Gesichtspunkten insbesondere sind sich Bloch und Jung sehr nah, näher vielleicht, als es Bloch lieb war – und vielleicht ist es gerade die Nähe, die die Abstoßung bewirkt hat.

Beim Nachsinnen über diesen Prozess kommt mir oft das Bild von der Quelle, vom Bach, der aus der Erde springt, sich seinen Weg sucht, Hindernissen begegnet, sie umfließt, neue Wege sucht, dessen Kraft nie endet, bis er im Meer vereinigt wird mit dem großen Wasser. Wird er begradigt, von Menschen umgeleitet, verliert er seinen natürlichen Lauf, was sich bekanntermaßen oft rächt.

Es geht eher um das Befreien und Wiederentdecken der in uns mehr oder weniger verborgenen eigenen Spur und das Wiedererwecken der Sehnsucht nach Sinn und erfülltem Dasein. Wir tragen diese Werte schon in uns, sie sind oft verschüttet unter Hader und Angst, können aber erwachen. Eindrucksvoll zeigt sich dies in den beeindruckenden Produktionen von Sinnsuchern und -findern im populären Kino (vgl. z. B. Terminator, Herr der Ringe, Matrix, und Avatar).

Jung ging es darum, eine flüssige Beziehung zu schaffen zwischen dem Bewusstsein, das die Neigung hat, sich hypertroph abzuschotten – und dem Unbewussten. Während es bei Freud um Bewusstwerdung ging, forderte Jung Achtung und Respekt für die unbewusste Dynamik und jene Kräfte, die unser Ich und sein Lichtfeld weit übersteigen und einen erweiterten Begriff von Sein ermöglichen.

Bloch ist dieser Rückbezug auf unbewusste Kräfte offensichtlich nicht geheuer. Von daher ist seine Abgrenzung verstehbar als ein misstrauisches Äugen auf die aus seiner Sicht unpolitische Seelenerkundung. Er ist Vertreter einer marxistisch geprägten Aufklärungsideologie, kommt also von einem ganz anderen geistigen Ursprung her als Jung. Zudem war er Jude und musste als solcher vor dem Faschismus fliehen.

All das war an Bloch damals für uns bestechend. Inzwischen ist weltpolitisch durch die zunehmenden Konflikte jedoch sehr deutlich geworden, dass die unbewusste Dynamik sowohl individuell als auch kollektiv kraftvoll, plötzlich, destruktiv, zumindest aber aufwirbelnd den Fortschritt infrage stellen kann.

Jung hat dies im Wotan (Jung, 1984 b) für den heraufziehenden Faschismus sehr deutlich erkannt. Der Respekt vor jenen Kräften, vor allem, wenn sie sich kollektiv äußern, wird uns heute wieder aufgenötigt; für Bloch passte Jung vermutlich nicht in sein utopisches Ideal.

Die Büchse der Pandora

Im Mythos bleibt nach Hesiod die Hoffnung in der Büchse der Pandora, jener von Hephaistos geschaffenen Frau. Zeus hatte dafür gesorgt, dass sie neben all den Übeln, die er dort hineingepackt und den Menschen aufgehalst hatte, mit hineingepackt wurde.

Man hat den Mythos verstanden als eine Folge der Wirkung, die das Feuer für den Menschen hat, denn die Übel kamen als Strafe dafür, dass Prometheus den Menschen das Feuer gab. Dieses Feuer erhob sie aus dem dumpfen Dasein in eine neue höhere Sphäre, und so mussten die Götter etwas unternehmen, um dies zu dämpfen, und schickten die Übel durch die jungfräuliche, verführerische und mit allen Reizen ausgestattete Frau. Sie behält jedoch die Hoffnung. Bedeutet das, dass sie die Macht behält über die einzige rettende und helfende Kraft, oder dass die Hoffnung als letzte Bastion geschützt bleiben muss vor den Übeln des alltäglichen Lebens und man zwar Kenntnis von ihr hat, aber sie als letzte Rettung bewahrt wird?

In einer späteren Fassung, auf die sich Goethe und auch Bloch (Bloch, 1976, S. 387 ff.) beziehen, wird interpretiert, dass die Hoffnung ja geblieben sei, während die Übel entfleuchten und somit in der Personifikation und unter dem Schutz dieser Frau das wesentlichste, bewegende, sinnvermittelnde und strebende Element des Menschseins erhalten bleibe.

So gäbe es neben Nietzsches skeptischer doch auch eine visionäre Bedeutung der in der Büchse schlummernden Hoffnung.

Ausblicke

Als Antwort auf Bloch formulierte der Philosoph Hans Jonas (1979) das Prinzip Verantwortung. Er sah die zunehmenden Probleme einer technologisch orientierten Entwicklung und formulierte in Anlehnung an Kants kategorischen Imperativ:

Handle so, daß die Wirkungen deiner Handlungen verträglich sind mit der Permanenz echten menschlichen Lebens auf Erden.

Jonas, 1979, S. 36

Und zum Thema Hoffnung formuliert er ganz im Gegensatz zu Bloch:

Der schlechten Prognose den Vorrang zu geben gegenüber der guten, ist verantwortungsvolles Handeln im Hinblick auf zukünftige Generationen.

Jonas, 1979, S. 70

Was bleibt also übrig? Dieser Frage widmet Michael Schmidt-Salomon sein Buch *Hoffnung Mensch – Eine bessere Welt ist möglich.* Ohne Illusion und Schminke schildert er die mal grausame und gequälte, mal voranstre-

Lawrence Alma-Tadema (1836-1912): Pandora (www.wikimedia.org)

bende und visionäre Geschichte des Menschseins, stellt fest, dass immer wieder Wege gefunden wurden, auch wenn die Lage noch so aussichtslos erschienen ist, zieht Bilanz, indem er mit einem Glaubensbekenntnis endet (vgl. Schmidt-Salomon, 2014, S. 330, siehe Text grauer Kasten nächste Seite).

Es bleibt, dass wir ohne die Hoffnung nicht sein können. Wir haben eine Vergangenheit und eine Zukunft. Während die Vergangenheit die Hoffnung zuweilen nährt, zuweilen aber auch infrage stellt, ist die Zukunft mit der Hoffnung eng verflochten. Wir können Zukunft ohne Hoffnung fast nicht denken, nicht wagen. Zwar haben wir auch oft große Befürchtungen und Zweifel, aber was uns vorangehen lässt, ist am Ende doch die Hoffnung. So ist es nur schlüssig, dass sich das Wort im Ursprung von hopen, also hüpfen ableitet.

So ungreifbar und vage sie oft sein möge, ist sie doch das uns immer Begleitende, an dem wir uns festhalten. Es bleibt uns nichts ande-

visionen

Ich glaube an den Menschen
Den Schöpfer der Kunst
Und Entdecker unbekannter Welten.
Ich glaube an die Evolution
Des Wissens und des Mitgefühls
Der Weisheit und des Humors.
Ich glaube an den Sieg
Der Wahrheit über die Lüge
Der Erkenntnis über die Unwissenheit
Der Phantasie über die Engstirnigkeit
Und des Mitleids über die Gewalt.

Ich verschließe nicht die Augen
Vor den Schrecken der Vergangenheit
Dem Elend der Gegenwart
Den Herausforderungen der Zukunft
Aber ich glaube
Dass wir bessere Wege finden werden
Um das Leid zu vermindern
Die Freude zu vermehren
Und das Leben zu bewahren.

Ich glaube an den Menschen
Der die Hoffnung der Erde ist
Nicht in alle Ewigkeit
Doch für Jahrmillionen.
(Amen)

Schmidt-Salomon, 2014

Die Welt, in die wir hineingeboren werden, ist roh und grausam und zugleich von göttlicher Schönheit. Es ist Temperamentssache zu glauben, was überwiegt: die Sinnlosigkeit oder der Sinn. Wenn die Sinnlosigkeit absolut überwöge, würde mit höherer Entwicklung die Sinnerfülltheit des Lebens in zunehmendem Maße verschwinden. Aber das ist nicht – oder scheint mir – nicht der Fall. Wahrscheinlich ist, wie bei allen metaphysischen Fragen, beides wahr: Das Leben ist Sinn und Unsinn, oder es hat Sinn und Unsinn. Ich habe die ängstliche Hoffnung, der Sinn werde überwiegen und die Schlacht gewinnen.

Jung, 1971, S. 360

Literatur

Bloch, E. (1976): Das Prinzip Hoffnung. Frankfurt/M.: Suhrkamp

Bloch, E. (1977): Tübinger Einleitung in die Philosophie. Frankfurt/M.: Suhrkamp

Bloch, E.(1977): Experimentum Mundi. Frankfurt/M.: Suhrkamp

Evers, T. (1987): Mythos und Emanzipation. Hamburg: Junius, download www.opus-magnum.de

Hölderlin, F. (1981): Sämtliche Werke und Briefe. München: Hanser

Illies, F. (2012): Der Sommer des Jahrhunderts. Frankfurt/M.: Fischer

Jonas, H. (1979): Das Prinzip Verantwortung. Frankfurt/M.: Insel-Verlag

Jung, C. G. (1971): Erinnerungen, Träume, Gedanken. Olten: Walter

Jung, C. G. (1984a): GW 12. Olten: Walter

Jung, C. G. (1984b): GW 10. Olten: Walter

Müller, L. und A. (2003): Wörterbuch der Analytischen Psychologie. Düsseldorf: Patmos

Schmidt-Salomon, M. (2014): Hoffnung Mensch – Eine bessere Welt ist möglich. München: Piper

Nietzsche, F. (1999): Menschliches, Allzumenschliches. Werke. Frankfurt: Zweitausendeins

Zeki, S. (2010): Glanz und Elend des Gehirns. München: Reinhardt

res, aber sie ist wie ein schwankendes Schilfrohr. Wir haben nur sie und sie scheint stark genug zu sein, damit wir weiterleben. Sie ist die eigentliche sinnstiftende Kraft ohne jegliche Sicherheitsgarantie. „Und niemand weiß", sagt dazu Hölderlin (1981, S. 400), der Lyriker der Spannung zwischen Hoffnung und Verlorensein. Jung sieht am Ende seines Lebens auch mit fragenden Worten auf den Sinn:

Dieter Knoll
Dr. rer. soc., Dipl. Psych.,
Autor, Analytischer Psychotherapeut in freier Praxis.

Rettet Psychologie die Welt?

Ken Wilbers integrale Vision

Michael Habecker

Visionen

Sie [die Psychologie] ist demnach die erste und elementarste unter den Einzelwissenschaften des Geistes; dementsprechend bilden ihre Wahrheiten die Grundlage des weiteren Aufbaus.

Dilthey, 1883 , S. 41

Wenn wir unsere Welt als ein Spiel und als einen Spiegel betrachten, als ein Spiel mit großer Leichtigkeit wie mit tödlichem Ernst und als einen Spiegel, in dem wir uns selbst erkennen (können), und uns dabei fragen, nach welchen Regeln die Hauptakteure, d. h. wir Menschen, agieren, dann werden wir unweigerlich auf das Innen gestoßen, das Innerliche, den Geist, das Bewusstsein, unsere Intentionalität, aus der heraus wir Menschen fühlen, denken, sprechen und handeln.

Wo wir stehen

Was irgendwann in grauer Vorzeit seinen Anfang nahm, dass ein Mensch oder einer seiner Vorläufer sich erstmals, wenn auch nur vage, seiner eigenen Innerlichkeit bewusst wurde, (und was in der Biografie eines jeden Menschen irgendwann geschieht), ist heute zu einem der wichtigsten und aufregendsten Erkenntnisvorhaben überhaupt geworden: das Abenteuer des Bewusstseins, seine Entdeckung und sein Verstehen, seine Entwicklung und seine Handhabung. Das Wissen über die äußere Welt, deren Erkenntnisobjekte „da draußen" herumliegen, schreitet atemberaubend schnell voran. In seiner Begleitung folgt die Technologie, welche dieses Wissen praktisch handhabbar und wirtschaftlich und politisch einsetzbar macht. Von der Nanotechnologie über die Gentechnologie zur Informationstechnologie weiter zur Waffentechnologie bis hin zur Technologie regenerativer Energieerzeugung – alles scheint möglich und noch viel mehr. Über das Subjekt jedoch, welches all dies in die Hände bekommt, um damit – ja was eigentlich – zu machen, wissen wir nicht annähernd so viel. Doch das tut dringend Not, weil das Zerstörungspotenzial, welches menschliche Artefakte entfalten können, mittlerweile existenzielle Dimensionen hat.

Es geht um Psychologie

Es geht also um Psychologie als eine Erkenntnisdisziplin, die sich das Verstehen des Menschen von innen her auf die Fahnen geschrieben hat. Und hier stoßen wir auf das erste Problem. In einem materialistisch ausgerichteten Mainstream, der Wissenschaft mit Naturwissenschaft gleichsetzt, hat es die Psychologie wie alle anderen Geisteswissenschaften immer noch schwer, Anerkennung zu finden. Dies wäre die erste und vorrangige Aufgabe: die Psychologie und mit ihr die Geisteswissenschaften gleichrangig neben den Naturwissenschaften und mit diesen zusammen zu etablieren, in der akademischen Welt, den Medien, der Politik und letztendlich allen Bildungseinrichtungen. Wie kann das gehen? Psychologen aller Länder vereinigt euch? (Lieber nicht, das ist schon einmal gründlich schief gegangen). Eine politische Partei gründen, DP, Die Psychologen? Klingt auch nicht sehr vielversprechend. Wie auch immer, es muss ein Weg gefunden werden (und die Zersplitterung der Psychologie in viele Teildisziplinen, Lehren und Richtungen ist dabei nicht gerade hilfreich.)

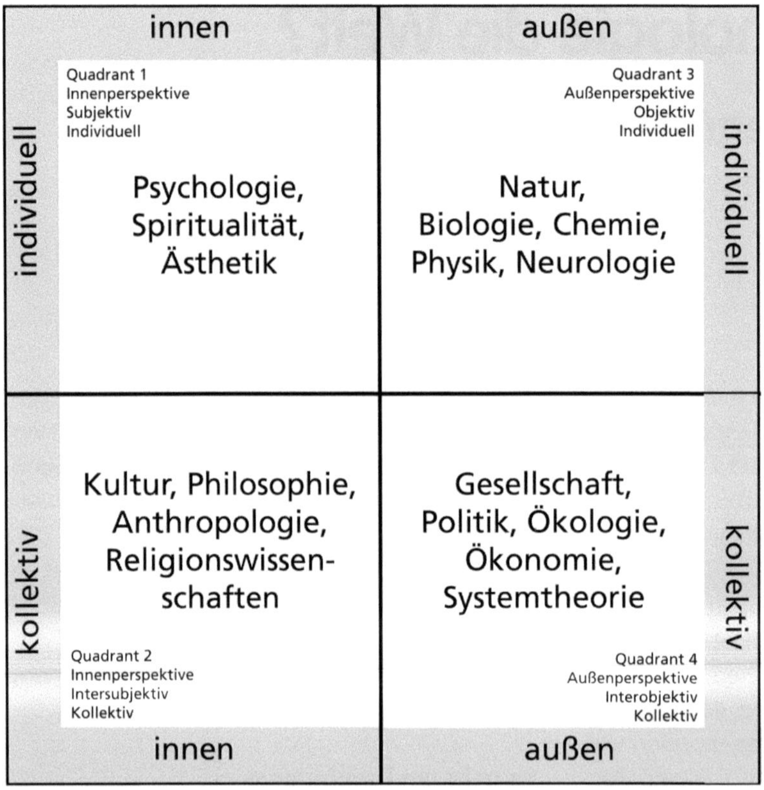

innen	außen
Quadrant 1 Innenperspektive Subjektiv Individuell Psychologie, Spiritualität, Ästhetik	**Quadrant 3** Außenperspektive Objektiv Individuell Natur, Biologie, Chemie, Physik, Neurologie
Kultur, Philosophie, Anthropologie, Religionswissen- schaften **Quadrant 2** Innenperspektive Intersubjektiv Kollektiv	Gesellschaft, Politik, Ökologie, Ökonomie, Systemtheorie **Quadrant 4** Außenperspektive Interobjektiv Kollektiv
innen	außen

(Linke Randbeschriftung oben: individuell; unten: kollektiv. Rechte Randbeschriftung oben: individuell; unten: kollektiv.)

Das Quadranten-Modell von Ken Wilber. Es ergibt sich aus dem Übereinanderlegen zweier Grundunterscheidungen, und zwar der von innerlich/äußerlich einerseits und individuell/kollektiv andererseits. Die vier Quadranten werden im Text abgekürzt mit OL (oberer linker Quadrant), OR, oberer rechter Quadrant, UL (untere linker Quadrant), UR (unterer rechter Quadrant).

Integration

Ein aktueller Versuch auf diesem Weg ist der einer Integration, d. h. zum einen die Integration aller psychologischen Richtungen in einem Gesamtzusammenhang, um diesen dann wiederum in einen Zusammenhang zum Ganzen zu stellen, zu allen anderen Erkenntnisdisziplinen, um so zu einem Gesamtverständnis „von allem" zu gelangen, zuallererst aber mal von uns selbst, dem Menschen. Der amerikanische Philosoph und Autor Ken Wilber hat hierzu einiges geleistet und seine Arbeit soll hier als ein Leitfaden dienen.

Was ist Wirklichkeit?

Zum einen unterscheidet Ken Wilber in einem Modell der vier Quadranten vier Wirklichkeitsdimensionen als vier Perspektiven auf Wirklichkeit. Diese Dimensionen sind nicht voneinander getrennt, jedoch voneinander zu unterscheiden. Psychologie beschäftigt sich vorrangig mit den oberen linken Quadranten, also dem individuellen Inneren (subjektiv) und auch mit der Psychologie von Gruppen, dem Kollektiv-Inneren (Inter-Subjektiv).

Die Psychologie des oberen rechten Quadranten ist der Behaviorismus, die des unteren rechten Quadranten eine Art sozialer Behaviorismus, die Beobachtung des kollektiven Verhaltens. Gleichzeitig wirken alle Quadranten/Perspektiven aufeinander. Das subjektive Bewusstsein wirkt auf das individuelle Verhalten (OR), auf das gemeinschaftliche Bewusstsein (UL) und auf das gesellschaftliche System als Ganzes (UR). Gleichzeitig ist das individuelle Bewusstsein beeinflusst und geformt vom individuellen Verhalten (OR), gemeinschaftlichen Kontexten (UR) und dem Gesellschaftssystem (UR).

Ein weiterer wichtiger Baustein in Wilbers Modell ist das Thema Entwicklung. Entwicklung findet sozusagen in allen Quadranten statt, oder, anders gesagt, auch der Aspekt von Entwicklung kann aus vier unterschiedlichen Perspektiven betrachtet werden: individuell-innerlich (OL), gemeinschaftlich-innerlich (UL), individuell-äußerlich (OR) und systemisch (UR).

Schließlich gibt es noch den Baustein mit dem Begriff „Typologie", der die Unterschiedlichkeit aber Gleichrangigkeit von Wirklichkeitsaspekten betont, als eine horizontale Dimension – im Unterschied zur Vertikalität von Entwicklung.

Ein Modell wie dieses würde zuallererst folgende wesentliche Aspekte zu einer Wirklichkeitsbetrachtung beitragen:

- Die Geisteswissenschaften (linksseitigen Quadranten) sind den Naturwissenschaften gegenüber gleichwertig. Erstere beschreiben das Innere von Wirklichkeit, die Innenseite, Letztere das Äußere, d.h. die Außenseite von Wirklichkeit als zwei Seiten einer Münze, bzw. zwei unterschiedliche Betrachtungsweisen eines Geschehen.

- Die Naturwissenschaften liefern quantitative Aussagen (größer, kleiner, schwerer, leichtern, höher, breiter), die Geisteswissenschaften qualitative Aussagen und damit auch Werte (besser, schlechter), die uns dabei helfen zu entscheiden, wie wir als Menschheitsgemeinschaft auf diesem Planeten zusammenleben wollen/können.

- Die Psychologie im weitesten Sinne ist eine zentrale Erkenntnisdisziplin zum Verständnis des Menschen, seines Denkens, Fühlens, Sprechen und Handelns, welche den Geist von innen her untersucht.

- Vieles entwickelt sich, auch das Bewusstsein, und ein Entwicklungsverständnis ist zentral für das Verstehen dessen, was geschieht.

- Neben einer vertikalen Dimension (Entwicklung) existiert auch eine horizontale Dimension von Unterschiedlichkeit und

Gleichwertigkeit. Die Frage, was jeweils gleichwertig und schützenswert ist (Vielfalt) und was besser oder schlechter ist, ist die entscheidende Frage für eine global zusammenwachsende Welt- und Wertegemeinschaft und eine Quelle endloser Spannungen.

Welche Psychologie?
Doch von welcher Psychologie sprechen wir hier? Es gibt ganz verschiedene Richtungen, innerhalb derer sich wiederum mit ganz unterschiedlichen Bereichen beschäftigt wird. Eine einfache (typologische) Unterscheidung wäre:

- Phänomenologische Psychologie
- Entwicklungs(struktur)Psychologie
- Psychodynamische Psychologie

Die *Phänomenologische Psychologie* beschäftigt sich mit den Inhalten menschlichen Bewusstseins, also demjenigen, was im Wahrnehmungsraum von Menschen auftauchen kann (auch aus einem Unbewussten heraus). Eine einfache (wiederum typologische) Unterscheidung wäre hier:

- Körperempfindungen (auf den Körper begrenzt, Schmerz, Strömen, Kribbeln …)

- Gefühle (gehen über den Körper hinaus, sind unschärfer: Angst, Wut, Verzweiflung, Freude, Heiterkeit, Trauer …)

- Gedanken (können sich noch weiter bewegen, sind sehr beweglich und flüchtig oder auch hartnäckig und sind bestimmt durch ihren Inhalt)

Eine *Psychologie der Entwicklungsstrukturen* („Strukturalismus") beschäftigt sich mit den Strukturen menschlichen Bewusstseins und ihrer Entwicklung. Man spricht allgemein auch von Charakterstrukturen. Diese Strukturen sind einer unmittelbaren Innenschau nicht zugänglich, sondern werden aus Sprache und Verhalten abgeleitet. Diese – meist unbewussten – Hintergründe unseres Bewusstseins bestimmen ganz wesentlich unser Verhalten. Beispiele für (Charakter-)Strukturbeschreibungen sind: liberal, sozial, egoistisch, pluralistisch, traditionell, arrogant, optimistisch, unberechenbar, extravertiert, introvertiert, emotional stabil-instabil, …

Die *psychodynamische Psychologie* beschäftigt sich mit den Wechselwirkungen zwischen den Inhalten, Strukturen und Mechanismen des Bewusstseins.

Uns von innen her kennen und verstehen

Mit dem gewaltigen Entwicklungsschritt der Selbstreflexivität haben wir Menschen das Paradies einer unschuldigen Unbewusstheit verlassen. Wir können uns selber erkennen, innerlich von uns Abstand nehmen und haben damit neue Freiheitsgrade. Wir *haben* Körperwahrnehmungen, Gefühle, Intuitionen und Gedanken und sind diesen nicht mehr auf Gedeih und Verderb ausgeliefert – wenn wir uns ihrer bewusst sind und werden. Hier hilft uns eine phänomenologische Psychologie durch geeignete Methoden, die „Pforten der inneren Wahrnehmung" zu öffnen, um uns von innen her kennenzulernen.

Eine psychodynamische Psychologie untersucht, was an Dynamiken dabei geschehen kann. So kann das Denken beispielsweise das Fühlen unterdrücken, was zu einer Entfremdung der Menschen von sich selbst und dem Leben führt. Gefühle können ihrerseits Gedankenketten auslösen und auch verschoben werden, von einem Menschen auf einen anderen oder einem Ereignis auf ein anderes (Verschiebung, Übertragung). Sind Gefühle unterdrückt, verursachen sie oft zwanghaftes Denken (um nicht fühlen zu müssen).

Bewusstseinsinhalte insgesamt können aus dem eigenen Wahrnehmungsraum heraus verdrängt werden, was sie jedoch nicht aus der Welt schafft. Sie erscheinen dann wieder in versteckter Form von Symptomen, körperlicher oder psychischer Art. Allein das Beenden der Verdrängung unangenehmer Gefühle würde persönlich und gesellschaftlich zu einer enormen Steigerung der Lebensqualität führen. Alle aus der Verdrängung entstehenden Symptomatisierungen wären beendet, der Körper und die Psyche wären davon befreit, Projektionen würden zurückgenommen und die Kosten des Gesundheitssystems würden drastisch sinken. Dies gilt auch auf kollektiver, zwischenstaatlicher Ebene.

Dahinter steht eine der ganz großen Entdeckungen der Psychologie: das Unbewusste. Inhalte Strukturen und Dynamiken des Bewusstseins sind zu einen erheblichen Teil nicht bewusst, durch entsprechende Methodiken können wir sie uns mehr und mehr bewusst machten, um so mehr und mehr „Herr im eigenen Haus" unserer Innerlichkeit zu werden, d.h. auch immer bewusster und verantwortlicher nach außen zu handeln.

Psychologische Pädagogik

Eine entsprechende Pädagogik würde als eines der wichtigsten – psychologischen – Lehrplanziele definieren:

- die Wahrnehmung für das eigene Innenleben (Inhalte) fördern,
- die Dynamiken dort erkennen und
- gesunde Ausdrucksweisen entwickeln.

Als Kinder sind wir noch nicht zu derartigen Reflektionen fähig, sondern (re)agieren unbewusst „aus uns heraus". Unerwünschte Emotionen werden unbewusst kontrolliert und aus der Wahrnehmung verdrängt, (z. B. Angst vor dem zerstörerischen Potenzial der Aggression, Wut, Ärger). Daraus erwächst die heikle Erziehungsaufgabe, Kinder im Fühlen von dem, was auch immer sich zeigt, zu unterstützen und zu ermutigen, ohne dies impulsiv-unreflektiert auszuagieren, sondern zu halten und auszufühlen. Umso wichtiger wird es dann später, mit dem Heranwachsen und der Fähigkeit zur Selbstwahrnehmung, diese Fähigkeiten zu entwickeln.

Die Entwicklung von „sozialer Kompetenz" – als ein zweites wichtiges pädagogisches Thema – hat in den zurückliegenden Jahrzehnten mehr und mehr Aufmerksamkeit erhalten. In der Industrie, die oft bei gesellschaftlichen Entwicklungen eine Vorreiterrolle spielt, weil sie es sich buchstäblich nicht leisten kann, wesentliche Wirklichkeitsaspekte außer Acht zu lassen, erhält das Thema Gruppendynamik (und mit ihm die Psychologie) mehr und mehr den notwendigen Stellenwert.

Wie ticken wir (vertikal)?
Die Strukturen des menschlichen Bewusstseins und ihre Entwicklung sind, wie bereits erwähnt, ein wesentlicher Schlüssel zum Verständnis menschlichen Handelns. Alle -ismen dieser Welt sind struktureller Art: Rassismus, Sozialismus, Liberalismus, Imperialismus, Faschismus, Dogmatismus…, - aber auch Humanismus, und sie sind nicht angeboren, sondern werden kulturell vermittelt. Wie entstehen sie, wie entwickeln sie sich, wie werden sie erkannt, welche sind wünschenswert und welche nicht, wie werden sie gelernt und wie kann man sich dort hinausentwickeln? Dies sind zentrale globale gesellschaftliche Fragestellungen einer Entwicklungspsychologie und Psychodynamik.

Ein weiteres zentrales Anliegen einer jeden Wissenschaft ist das der objektiven Erkenntnisgewinnung und deren Unterscheidung von rein subjektiven Meinungen. Auch hier ist wieder Psychologie im Spiel. Bei der aktuellen Flüchtlingsdebatte hört man immer wieder: „Auch Meinungen sind Wahrheiten" und das stimmt, doch es handelt sich bei Meinungen um subjektive Wahrheiten und nicht um objektive Wahrheiten.

Wenn beispielsweise mit einem Wahrheitsanspruch gesagt wird „in Deutschland existieren schon Verhältnisse wie in den Pariser Vororten …" – ist das objektiv richtig oder Stimmungsmache auf Kosten der Wahrheit? Gerade Politiker sind Meister in Meinungsmanipulation, dem Verkaufen persönlicher Meinung als objektive Wahrheiten und im Suggerieren von Teilwahrheiten als ganzen Wahrheiten.

Das Aufdecken derartiger rhetorischer Tricks in öffentlichen Diskussionen wäre ebenfalls eine ganz wesentliche Aufgabe, zu der die Psychologie viel beitragen kann. Die Analyse dessen, was Politiker und die Medien generell mit Sprache machen – an Suggestion, Projektion, Informationsunterschlagung, Manipulation usw. im Zwischenbereich zwischen objektiver Sachlichkeit und Volksverhetzung ist ein gesellschaftlich ungemein bedeutendes psychologisches Betätigungsfeld – gerade auch vor dem Hintergrund der deutschen Historie.

Die Entwicklungspsychologie schenkt uns auch die Erkenntnis von Stufen des Bewusstseins, durch die sich Menschen hindurch entwickeln. Als ein einfaches Beispiel: egozentrisch, sozialzentrisch/traditionell, aufgeklärt/modern, postmodern, integral …

Diese vertikale Betrachtungsweise fehlt im öffentlichen Diskurs fast komplett. So gibt es eben nicht nur *ein* Menschenbild, sondern auf jeder Ebene ein anderes. Es gibt nicht nur *die* Religion, sondern jede Religion hat Ausprägungen auf jeder der Ebenen, die völlig unterschiedlich sind. Eine magisch/ich-bezogene Religiosität unterscheidet sich völlig von einer mythisch dogmatischen Religiosität, welche sich wiederum sehr von einer modernen aufgeklärten Religiosität unterscheidet, welche sich wiederum von einer postmodernen Religiosität unterscheidet usw. - und das gilt für alle Religionen.

Psychodynamik und Entwicklung
Als ein konkretes Beispiel einer wissenschaftlich fundierten wie auch praktisch anwendbaren Psychologie möchte ich etwas vorstellen, was Ken Wilber im Rahmen zweier Kurse veröffentlicht hat. In dem 1988 erschienenen Buch „Psychologie der Befreiung" erläutert er unter Bezugnahme auf Blanck & Blanck und unter Heranziehung folgender Abbildung die grundlegende Dynamik von Entwicklung:

Aus einer bisherigen Identifikation, z.B. mit dem eigenen Körper und seinen Bedürfnissen (undifferenzierte Matrix), entwickelt sich schrittweise eine Ent-Identifikation, bis schließlich der eigene Körper kein identifiziertes Subjekt mehr ist, sondern zu einem entidentifizierten Objekt der eigenen Wahrnehmung geworden ist (ganze Selbstrepräsentation und ganze Objektrepräsentation). Der Mensch *hat* ab da (s)einen Körper, aber er *ist* nicht mehr sein Körper (und hat sich damit aus

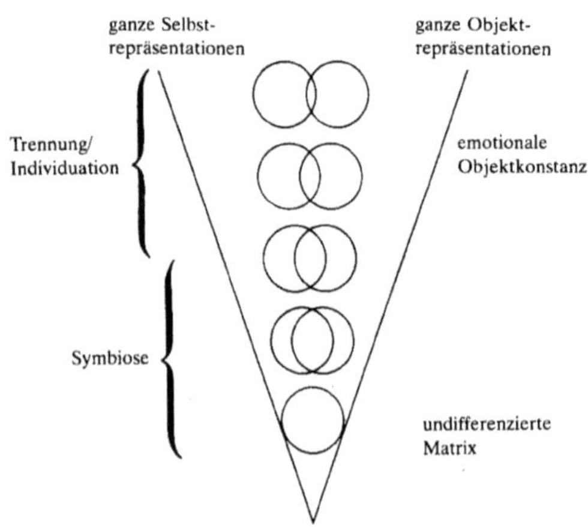

„Selbst-Objekt-Differenzierung" nach der Darstellung von Blanck & Blanck, Angewandte Ich-Psychologie, 1980

der Zwanghaftigkeit seiner eigenen Körperbedürfnisse befreit). Dieser grundlegende Prozess findet auf allen Entwicklungsstufen statt, immer wieder. Was sich lediglich ändert, ist der jeweilige „Gegenstand" der Identifikation bzw. Ent-Identifikation: Körper, Gefühl, Gedanken, soziales Erleben, spirituelles Erleben ... Differenzierung und Integration und Differenzierung und Integration ohne Ende.

Soweit die Theorie. Was jedoch praktisch und im wirklichen Leben auf jeder Entwicklungsstufe passiert, ist, dass zum einen die Ent-Identifikation nicht vollständig gelingt und so eine Fixierung bleibt, oder/und dass die Ent-Identifikation zu weit geht und die nach wie vor bestehenden körperlichen (emotionalen, gedanklichen ...) Bedürfnisse nicht angemessen integriert, sondern dissoziiert und abgespalten werden.

Damit entstehen, aus der Natur der Entwicklungsdynamik heraus, zwei grundsätzliche und in gewisser Weise unvermeidliche Psychodynamiken und Pathologien, und zwar die der Fixierung (Anhaftung) und die der Abspaltung (Verdrängung, Allergie). Hierbei handelt es sich nicht um irgendeine Psychodynamik, sondern um eine ganz grundlegende, durch die Entwicklungsdynamik selbst von vornherein angelegte Problematik menschlich-psychologischer Entwicklung, individuell und kollektiv. Diese Dynamik lässt sich nun auf die verschiedenen entwicklungspsychologischen Ebenenmodelle anwenden.

Ken Wilber schlägt hierzu eine Ebenenbeschreibung vor, die der Bedürfnispyramide von Abraham Maslow ähnelt. Die Lebens-Kunst besteht nun darin, sich durch diese Stufen, deren Grundbedürfnisse ja erhalten bleiben, auf eine gesunde Weise hindurch zu entwickeln, unter Vermeidung von Fixierungen („Süchten") und Aversionen („Allergien") auf bzw. gegenüber jeder der Stufen.

Es folgt nun eine kurze Beschreibung der tiefen Merkmale jeder Stufe, mit den jeweiligen Fixierungen beziehungsweise Aversionen. Bei der Beschreibung der Pathologien ist es wichtig im Auge zu behalten, dass wir hier nur die psychodynamische Komponente betrachten. Entsprechend des Quadrantenmodells gibt es pathologische Auslöser in allen vier Quadranten, ebenso wie es auch Heilungsansätze aus allen Quadranten gibt. Die Psychodynamik ist im oberen linken Quadranten angesiedelt.

Stufe Nahrung

Dies ist die Basis der Pyramide. Ein achtsames Überleben ist eine entscheidende Komponente einer eigenen Gesundheitsfürsorge, des Steigerns eigener Vitalität und einer Befreiung von den Begrenzungen, welche die Ernährung über das eigene Leben hat.

- Fixierung: Ess-sucht bzw. Übergewichtigkeit als ein soziales Phänomen.

- Aversion: Bulimie und alle Arten von Nahrungsunverträglichkeiten aufgrund von Somatisierungen.

Stufe Sexualität

Achtsamkeit in der Sexualität ist die Wurzel für die Aufrechterhaltung einer erotischen Polarität, für eine Gegenwärtigkeit mit dem Geliebten oder der Geliebten und der Aufrechterhaltung einer lebenslangen und tiefen sexuellen Verbindung.

- Fixierung: Sex-sucht bzw. im Internet allgegenwärtige Pornografie als ein soziales Phänomen.

- Aversion: „Kreuzzüge" verbaler oder konkreter Art gegen Sexualität außerhalb einer gegebenen Norm.

Stufe Macht

Nimm sie an, verwende sie weise und lerne mit ihr umzugehen. Eine machtvolle Achtsamkeit ist die Grundlage dafür, Grenzen setzen zu können und einen eigenen Standpunkt in der Welt zu bestimmen.

- Fixierung: Machtstreben und nicht loslassen können von Macht beruflich und privat.

- Aversion: sich selbst als ohnmächtig empfinden gegenüber einer Welt voll von machthungrigen Anderen.

Stufe Liebe

Achtsam zu lieben erfüllt deine tiefsten Beziehungen und Verbindungen mit den wichtigsten Menschen in deinem Leben auf größtmögliche Weise. Dein Herz verbindet sich so mit etwas, was viel größer ist als du selbst.

- Fixierung: Abhängigkeit in Beziehung zu und von anderen.

- Aversion: Bindungsangst, Angst vor Kontrollverlust und Eigenidentität.

Stufe Erreichen

Achtsames Erreichen unterstützt deine Fähigkeit, Autor deines eigenen Lebens und deiner Zukunft zu sein. Du lernst damit deine Kraft zu fokussieren, um etwas Reales in der Welt beizutragen, eine Kraft, die die Nadel deines Lebenskompasses bewegt.

- Fixierung: Selbstidentifikation über Leistung und Erreichtes, sich aufarbeiten, Versagensängste.

- Aversion: Verweigerungshaltung und Aversion gegenüber jedweden Leistungsstrebens. (Wilber erwähnt noch drei weitere Stufen, doch die genannten decken sicher die meisten der Problematiken ab).

Eine daraus zu entwickelnde Praxis – sowohl individuell wie auch gesellschaftlich – besteht aus deinem dynamischen Wechsel zwischen einer Ich-Perspektive (gefühlt) und einer Es-Perspektive (erkannt). Dies spiegelt die Entwicklungsdynamik von Identifikation und Ent-Identifikation wieder, welche für die menschliche Existenz lebensbestimmend ist. Durch das gefühlte Erleben erfolgt eine Annahme dessen „was ist", als ein unmittelbarer Kontakt mit dem Leben mit der Möglichkeit der Re-Integration von Abgespaltenem. Durch das Abstandnehmen können Verstehen, Ent-Identifikation und die Lösung von Fixierungen erfolgen.

Wie ticken wir (horizontal)?

Die typologische Psychologie sagt uns etwas über die Vielfalt und Breite des menschlichen Charakters. Hierzu sind eine Fülle von typologischen Modellen erstellt worden. Eines der bekannteren ist das MBSI, basierend auf der Unterscheidung von introvertierter und extrovertierter Persönlichkeit.

Unser biologisches Erbe weiterführen

Unsere Emotionen reichen entwicklungsgeschichtlich weit zurück. Wie können wir unser biologisches Erbe nutzen, ohne von ihm abhängig zu sein? Am Beispiel von Angst, als eine der zentralsten (unterdrückten) Emotionen: Angst hat eine wesentliche Bedeutung bei der Mobilisierung von Energie zur Flucht oder Verteidigung beim Angegriffen-Werden. Bei Tieren tritt Angst jedoch nur im Angesicht einer konkreten Bedrohung auf. Tiere machen sich „keinen Kopf", wir Menschen schon. Kraft unserer Vorstellung können wir uns ständig Bedrohungen vorstellen und sind so permanent im Angst-Modus. Die Bedrohung der Vorstellung der eigenen Sterblichkeit tut noch ein Übriges. Eine der grundlegenden Aufgaben besteht daher darin, mit unserer vorgestellten Angst ins Reine zu kommen und unsere Vorstellungskraft konstruktiv zu nutzen. Verdrängte Angst wird jedoch immer wieder entsprechende Szenarien produzieren.

Der Umgang mit schwierigen Emotionen (Angst, Wut, Hass, Neid ...) ist überhaupt eine der zentralen psychologischen Herausforderungen. Der Weg der Verdrängung funktioniert nicht, er führt zu Symptomatisierungen körperlicher und psychischer Art, mit einer breiten Palette von Erkrankungen. Ausagieren, wie in der wilden therapeutischen Zeit der sechziger Jahre, funktioniert jedoch auch nicht, sondern fixiert die Person auf der jeweiligen Ebene und kann anderen Schaden zufügen.

Die Projektion von Verdrängtem nach Außen führt zu schlimmen Wahrnehmungsverzerrungen, die, kollektiv ausgelebt, zu entsetzlichen Entwicklungen wie Hexenverbrennungen und Pogromen führen, bin zu Völkermord. Das (Aus)halten schwieriger Emotionen ist der goldene Mittelweg. Und dieser Weg hält außerdem eine große Überraschung bereit. Gefühle können ausgefühlt oder durchgefühlt werden und was dann geschieht oder geschehen kann, kennen wir aus der mystischen Phänomenologie: Nach oft sehr psychisch schmerzhaften Erfahrungen vertieft sich das Fühlen, Stille, Leerheit, Freude, Liebe ... und geht sogar noch weiter (vgl. dazu auch Meyer, 2017)

Hier tut sich ein interessanter Forschungsbereich auf, die mystische Phänomenologie von Leerheit, Stille, Zeit- und Raumlosigkeit in Zusammenhang zu bringen mit der modernen Psychologie. Was immer auch Menschen erfahren, sie bringen es durch ihre Persönlichkeit und damit ihre (auch) psychologische Konstitution zum Ausdruck.

Die Psychologie ist in ihrer eigenen Entwicklung einen weiten Weg gegangen: von den ersten Anfängen, wo Inneres und Äußeres noch zusammengehörten (z. B. Gustav Theodor Fechner), über die Konzentration auf Verhaltensbeobachtungen (Behaviorismus) weiter über das analytische Denken einer Psychoanalyse weiter zur Einbeziehung des Körpers bis zur Wiederentdeckung des Fühlens. Eine integrale bzw. integrierende Psychologie kann nun das Beste aus all diesen Erkenntnissen vereinigen, zur Beantwortung der für unser Überleben so entscheidenden Frage: Was ist der Mensch, bzw. was könnte er/sie (noch) sein?

Eine integrale Vision

Was wäre eine integrale Vision – für jeden Menschen, die Menschheit und alle Wesen als Ganzes und für unsere Welt? Hierzu hat Ken Wilber unter der Überschrift „Vor uns: die Zukunft " im Buch *Halbzeit der Evolution* schon 1981 geschrieben (siehe grauer Kasten Seite 50).

Gleichzeitig ist Wilber auch ein Realist, der die konkreten Gefahren erkennt und benennt, derer sich die Menschheit selbstverursacht gegenübersieht. Aus dieser Sichtweise heraus verwendet er bei der Frage nach der Zukunft der Menschheit gerne die Metapher eines Pferderennens, von dem man nicht weiß, wie es ausgeht und welche Kräfte (welches Pferd) am Ende gewinnen: „Frage: Entwickeln wir uns als eine Spezies zu etwas Größerem – oder zerstören wir uns selbst?

Ken: Eines der andauernden Probleme ist, dass wir an der Spitze unserer Entwicklung einen postmodernen Pluralismus haben, der so gut wie alles Universelle dekonstruiert, einschließlich Moral, Ethik, Weltsichten, Spiritualität. In all dem sieht dieser Pluralismus keine Wachstumshierarchien, wie beispielsweise die von egozentrisch zu ethnozentrisch zu weltzentrisch zu kosmozentrisch, sondern ausschließlich Herrschaftshierarchien. Dies führt zu der verdrehten Situation, dass, je mehr entwickelt man ist, desto weniger ethisch man gleichzeitig ist.

Unter diesen Umständen gelangen die sehr kreativen und wichtigen neuen Entdeckungen der Technologien und der Wissenschaft in die Hände von Menschen, die teilweise erheblichen Entwicklungsbedarf haben, was den weisen Gebrauch dieser Technologien angeht. Das bedeutet, dass unsere eigenen Technologien uns verletzen und dass dieser gesamte Bereich weit offen steht für unsere schlimmen, schattengetriebenen und oft regressiven Impulse und Motivationen. Für mich ist dies ein reales Pferderennen zwischen Durchbruch und Zusammenbruch. Wenn ich mich für eine Aussage entscheiden müsste, dann sehe ich die Chancen bei 60 zu 40." (Wilber, 2014)

Seien wir optimistisch und schlagen uns auf die Seite der 60-prozentigen Chancen, dass die Entwicklung insgesamt gut verläuft – wie könnte dann eine integrale Vision aussehen?

Die Geisteswissenschaften und die Naturwissenschaften (einschließlich der Sozialwissenschaften) würden geschwisterlich miteinander wirken, zum Wohle der Erkenntnisgewinnung. Erstere kümmern sich um die Entdeckung des Inneren und Letztere um die Entdeckung des Äußeren, als zwei Seiten einer Wirklichkeit. Nicht zuletzt würden wir das daran merken, dass in den „Wissenschafts"sendungen unserer Medien Erkenntnisdisziplinen wie Phänomenologie, Psychologie, Entwicklungsstrukturalismus und Hermeneutik einen festen Platz haben. Die Psychologie selbst würde einen deutlich höheren und wissenschaftlich anspruchsvolleren Stellenwert bekommen als den, den sie heute hat. Sie würde sich mit den mystisch-phänomenologischen Erkenntnismöglichkeiten verbünden und zusammen mit den Natur- und Systemwissenschaften ihren unverzichtbaren Beitrag zum Gesamtbild des Menschen leisten.

Bei der Beantwortung der entscheidenden Frage, warum und woraus Menschen so handeln wie sie handeln, würde sie als erstes zurate gezogen werden. Psychologie würde auch in der Bildung und Erziehung und im ganz konkreten Alltag eine bedeutende Rolle einnehmen bei der Entwicklung der bereits erwähnten innerpsychischen und sozialen Kompetenz.

Das Sichkümmern um die eigene Psychologie (Strukturen und Schattendynamiken) wird so selbstverständlich werden wie das Zähneputzen und Nägel schneiden. Ähnliches gilt auch für ein erweitertes Verständnis von Wirtschaftstheorie, wo der Mensch nicht mehr nur als eine ausschließlich rational handelnde Agens in einem gesamtsystemischen Zusammenhang behandelt wird, sondern wo das wirtschaftliche Handeln des Menschen aus seiner Psychologie, individuell und kollektiv, abgeleitet wird, sowohl betriebswirtschaftlich als auch volkswirtschaftlich.

Als Leitlinie dafür gilt eine „neue Ethik", die jedoch – worauf denn sonst – auf einer wissenschaftlich begründeten Entwicklungspsychologie ruht – Werte entwickeln sich, wie vieles andere auch. Dabei wird klar, dass es nicht nur um eine „höchste Stufe" geht, sondern um die Gesundheit der gesamten Entwicklungsspirale aller Stufen. Das zeigt sich gerade aktuell sehr deutlich am wieder erstarkenden Nationalismus. Bewegt sich die Transzendenz zu schnell in Richtung eines (wünschenswerten!) weltzentrischen Internationalismus, dann entstehen Unsicherheit und Ängste, und es erfolgt eine Rückorientierung in Bekanntes – eben den Nationalismus.

Dann muss sich die Aufmerksamkeit, auch die politische Aufmerksamkeit, wieder dorthin wenden, um ungesunde Ausprägungen zu verhindern und ein gesundes Nationalerleben als Basis für eine internationale Weltgemeinschaft zu fördern. Gesunde Entwicklung bedeutet Transzendieren *und* Bewahren und nicht nur eines davon. Eine integrale politische Vision baut daher auch auf einem evolutionär-integralen Menschenbild auf, welches – neben der Entwicklung mit konservativ-Bewahrendem und progressiv-Transzendierendem – die wesentlichen Hauptperspektiven des menschlichen In-der-Welt-Seins berücksichtigt. Aus denen lassen sich politische Grundorientierungen wie folgt ableiten:

Individuelle Freiheit (die oberen Quadranten mit innerer und äußerer Freiheit), gemeinschaftlicher Solidarität (der untere linke Quadrant) und systemischer Nachhaltigkeit (der untere rechte Quadrant, mit Blick sowohl auf die Aufrechterhaltung des natürlichen Ökosystems wie auch der lebenswichtigen kulturellen Systeme von Versorgung und Entsorgung – Nahrung, Wasser, Energie, Informationen, Gesundheitsfürsorge usw.).

Integrale Politik – das ist natürlich leichter gesagt als getan – würde sich bei jeder politischen Entscheidung um eine Integration dieser politischen Grundorientierungen und Hauptperspektiven bemühen, anstatt eines endlosen Gegeneinanders wie bei der üblichen „Debattenkultur" in den Parlamenten.

Und schließlich würde sich eine integrale Vision nicht nur um die Verbesserung der realen Lebensverhältnisse bemühen, sondern alle

Menschen immer auch dazu einladen und ihnen die Möglichkeit geben, denjenigen Aspekt ihres Menschseins zu erfahren, der nicht von dieser Welt ist. Dieses „Namenlose" mit den vielen Namen war immer schon da, vor aller Zeit und vor allem Raum. Es lässt sich in keinerlei Kategorien beschreiben und kann doch erfahren werden, als die wirklichste aller Wirklichkeiten.

Geschichte ist der Bericht von den Beziehungen der Menschheit zu ihrem tiefsten Wesen, das sich in der Zeit entfaltet, aber in der Ewigkeit gegründet ist.
Wilber, 1981, S. 26

Ein neuer Tag ist angebrochen, ein neuer Morgen dämmert, ein neuer Mann, eine neue Frau zeigen sich am Horizont. Der neue Mensch ist integral …
Wilber, 2007, S. 8

Literatur
Dilthey, W. (1883): Einleitung in die Geisteswissenschaften. Versuch einer Grundlegung für das Studium der Gesellschaft und der Geschichte. Bd. 1. Leipzig, Duncker & Humblot
Habecker, M. (2007): Ken Wilber - die integrale (R)Evolution: Einführung in Theorie und Praxis eines neuen spirituellen Ansatzes. Frankfurt: Info3
Habecker, M., Student, S. (2011): Wissen, Weisheit, Wirklichkeit: Perspektiven einer aufgeklärten Spiritualität. Bielefeld: Kamphausen
Meyer, C. (2017): Ein Kurs in wahrem Loslassen. Göttingen: Arkana
Wilber, K. (1981): Halbzeit der Evolution. Bern: Scherz
Wilber, K., Engler, J., Brown, D. (1981): Psychologie der Befreiung. Scherz-Verlag
Wilber, K. (2007): Integrale Spiritualität. München: Kösel
Wilber K. (2014): The Future of Spirituality: An Interview with Ken Wilber, vom 8.07.2014. http://www.watkinsmagazine.com/the-future-of-spirituality-an-interview-with-ken-wilber

Michael Habecker
Jahrgang 1953, intensive Beschäftigung mit der integralen Theorie und Praxis seit 30 Jahren, mit zahlreichen Veröffentlichung. Außerdem beschäftigt als Gitarrenlehrer und Musiker. www.michaelhabecker.de

„Mystik2go“

Glückseligkeit als Vision für den Alltag

Sabine Bobert

Foto: Juergen Fälchle, Fotolia, 136083283

Glückseligkeit ist das Geburtsrecht jedes Menschen. Erst krankhafte Einflüsse – auch durch religiöse Institutionen – verstellen diese selbstverständliche Tatsache. Wenn ein Mensch von der Quelle her kommt, als Baby neugeboren oder auch schon im Mutterleib, dann strahlt er dieses Urglück, das durch nichts anderes bedingt ist als durch das Menschsein, auf seine Umgebung aus. Auch wer eine Nahtoderfahrung hatte oder feinsinnig miterleben konnte, in welche Welt ein Mensch sterbend zurückkehrt, der ist gleichfalls in die urmenschliche Glückseligkeit eingetaucht, die jedem Menschen offensteht – weil sie sein eigenes Wesen ist.

Warum ist dieses grundlegende Lebensgefühl im Alltag so verborgen? Spirituelle Bewegungen wie beispielsweise das Mönchtum bevorzugen zur Wiederentdeckung der Glückseligkeit kulturell abgeschiedene Orte wie Berggipfel, Wüsten oder Höhlen. Ist dies eine notwendige Voraussetzung? Der Rückzug von nicht meditierenden Menschen und ein Leben im Einklang mit natürlichen Rhythmen erleichtern tatsächlich vieles. Aber es ist heutzutage unpraktisch und nicht in jedem Fall erfolgreich, sich von Beruf und Familie zu verabschieden, um auf Glückssuche zu gehen.

Zudem bietet der Alltag aus meiner Sicht ein ideales Trainingsgelände für Menschen, die heute den Weg der Mystiker gehen wollen. Vieles von einst mönchischer Disziplin wird inzwischen im Berufsalltag vorausgesetzt, wie die stundenlange Konzentration auf eher langweilige Vorgänge, endloses Sitzen in ungemütlichen Räumen, Gefühle disziplinieren, asketischer Schlafentzug durch Frühaufstehen usf. Wer sich dies jahrelang angetan hat, der hat für den mönchischen Weg einen gewaltigen Startvorteil. Denn für das Wiederfinden des Glücklichseins arbeiten wir mit Denken, Fühlen und Wollen. Wir nehmen die weitgehend aus gesellschaftlicher Notwendigkeit heraus trainierten Kräfte für uns selbst in den Dienst.

Weil ich es unfair fand, dass Menschen mit viel Zeit zudem für Meditation und Glückssuche viel Zeit haben, hingegen Arbeitende und Familienmenschen kaum Zeit zum Meditieren aufbringen können, habe ich die alten Mönchspraktiken studiert und eine „Mystik2go" entwickelt. Sie ist alltagstauglich und nutzt den Alltag mit seinen Stressmustern und seinem unmittelbaren Feedback.

Himmel und Hölle sind keine Orte, sondern Bewusstseinszustände. Ein depressiver Bewusstseinszustand beispielsweise engt die Wahrnehmung stark ein. Er gleicht einem Tunnelblick, der selbst noch das Licht am Ende des Tunnels übersieht. Ein Verliebter hingegen reicht in seiner Offenheit und Herzensklarheit an die erweiterte Wahrnehmung des Mystikers heran. Der Alltag verführt mit seinen Wiederholungsschleifen zu einer schläfrigen stereotypen Wahrnehmung. Dadurch scheint er vielen notwendigerweise mit Unglücklichsein verbunden, und Glücksmomente werden außeralltäglichen Handlungen wie z.B. Urlaub machen zugeschrieben.

Glück ist mit einer Neuausrichtung und Klärung der Wahrnehmung verbunden. Alles beginnt damit, an alltäglichen Gewohnheiten und Stereotypen zu zweifeln. Das, was wir für wirklich oder für unabänderlich halten, besteht häufig nur aus Clustern von Wahrnehmungsgewohnheiten. Der Mystiker, die Mystikerin, wird häufig als ein Erwachter beschrieben. Ich sehe Mystik als den methodisch reflektierten Weg zur Bewusstwerdung. Der mythisch beschriebene Kampf des Lichts gegen die Finsternis ist das Ringen des Bewusstseins um das Durchdringen unbewusster Prozesse.

Dauerhaftes, bewusst gestaltetes Glück lässt sich mit dem Status eines Klarträumers vergleichen, der erkannt hat, dass der Alltag bisher dem Traumbewusstsein glich. Beim gewöhnlichen Träumer schläft der Regisseur. Der Träumer erlebt sich seinen Traumbildern und -figuren ausgeliefert. Der Klarträumer hingegen weiß, dass es nur einen Regisseur gibt: den Träumer selbst, auch wenn dieser aus einem kulturellen Pool mit schöpft. Mystik lässt Menschen zu Klarträumern ihres Lebens erwachen. Sie erkennen dann: Es gibt kein externes Schicksal und keinen externen Gott. Wir Menschen selbst sind schlafende, das heißt noch unbewusste, Söhne und Töchter Gottes. Wir sind zur gleichen Bewusstheit wie Jesus oder Buddha – zur Klarheit und Schöpferkraft wie Götter – bestimmt.

„Mystik2go" konzentriert sich für die volle Bewusstwerdung mitten im Alltag auf die drei Hauptproblemzonen. Wie bei Fitness „Bauch Beine Po" sind es hier: Denken Fühlen Wollen. Zur vollständigen Bewusstwerdung mitten im Alltag habe ich für jeden Bereich eine einfach handhabbare Übung zusammengestellt.

1) Wollen: Was möchte ich ganz persönlich, jenseits gesellschaftlicher Erwartungen? Was brauche ich ganz persönlich, um im Leben glücklich zu werden? Viele Menschen verwechseln das Abarbeiten von Pflichten und von Wünschen Anderer mit „Wollen". Sie sind dann zwar sehr aktiv, aber nicht glücklich.

Der Ausweg ist ein routinemäßiger Willens-Check mitten im Alltagsgetümmel: Denken Sie sich eine spielerische Minihandlung aus (zum Beispiel mit dem Zeh wackeln) oder eine Powergeste: Das ist eine kleine Handlung, die sie symbolisch an Ihr liebstes Tun erinnert (zum Beispiel: Schwimmen, Klavier spielen). Es reicht, wenn Sie diese Handlung eine Sekunde lang durchführen. Sie müssen nichts dazu denken oder empfinden. Machen Sie diese Handlung ab jetzt jede volle Stunde, die Sie wach sind.

Um Stress zu vermeiden, räumen Sie sich 30

Minuten als Korridor ein, also: zwischen 9.45 Uhr bis 10.15 Uhr einmal eine Sekunde die Powergeste für Schwimmen machen.

Was bringt Ihnen das? Ein Tagesprofil mit einer klaren Analyse darüber, wann Sie lediglich Pflichten und Wünsche anderer abgearbeitet haben. Und wann Sie mit sich und Ihrem exemplarischen Mini-Check in Kontakt blieben. Wir können nur glücklich werden, wenn wir nicht allzu lange den Kontakt mit uns verlieren. Im Kontaktverlust mit uns sind wir steuerungslos. Die Willensübung zeigt uns schnell, wer uns so stark steuert, dass wir uns selbst verlieren. Und sie trainiert die Fähigkeit, mit uns in Kontakt zu bleiben. Diese Fähigkeit ist die Grundlage für Sätze wie: „Lebe Deinen Traum, statt: träume Dein Leben". Das Ausbuddeln des eigenen Willens bringt die Wende ins Leben.

2) Gefühle durch innere Bilder steuern lernen. Wissen, was man will, macht allein noch nicht glücklich. Auch Tatmenschen, denen gelingt, was sie sich vornehmen, können unglücklich sein. Wer voller Schmerz ist, ängstlich oder verärgert, wird weder die Schönheit der Sonne und Wolken schauen noch den Gesang einer Amsel erleben. Ich unterscheide auf dem mystischen Weg Überlebenskampfgefühle von verbindenden Gefühlen. Die verbindenden Gefühle – wie Liebe, Glück, Freude, Ruhe – sind die eigentlich menschlichen Gefühle. Ein Mensch im Überlebenskampf kann sich noch nicht entfalten. Mystik führt in die eigentlich menschlichen Gefühle hinein.

Wie schafft man dies, wenn man unter Menschen lebt, die traurig, verärgert, ängstlich sind? Der mystische Trick setzt bei unserem Gehirn an: Es kann zwischen Erlebnis und Vorstellung nicht unterscheiden, wenn die Vorstellung klar genug ist. Das Gehirn schüttet in beiden Fällen die gleichen Botenstoffe aus und signalisiert den Zellen und der DNA, dass diese Situation eingetreten sei.

Im schlimmsten Fall können wir uns also durch unsere Fantasien, die wir uns über alltägliche Situationen ausmalen, umbringen. Im besten, bewusst verantworteten Fall, können wir über diesen Mechanismus sogar alte Wunden heilen. Meditation führt Menschen auf den Weg der Selbstheilung und erläutert ihnen die Verantwortung für ihre innere Bilderkultur. Die

Foto: Holfers Fotografie (www.pixabay.com)

entsprechende Übung für die Mystik2go lautet: „Fantasieren Sie eine Szene, in der Sie geborgen sind und loslassen können!" Nach einer Weile schaffen es Menschen, sich beispielsweise den Strandspaziergang oder das Sitzen im eigenen Schlossgarten klar vorzustellen. Das Gehirn reagiert darauf, als wären sie wirklich dort. Es sendet dann dem Körper die nötigen Signale, um aus dem Überlebenskampf auszusteigen.

Erst in diesem Zustand können wir unsere Umwelt und uns selbst weniger verzerrt wahrnehmen. Und das Göttliche tritt aus den Wolken des Überlebenskampfes hervor. Die innere Reise in den bergenden Ort öffnet die Verbindungen zum bergenden Leben. Das ist dann keine Fantasie mehr, sondern wir erleben, wie die Quelle uns trägt.

3) Die mystische Kernübung ist das mantrische Beten bzw. Meditieren. Die christlichen Wüsteneinsiedler der ersten Jahrhunderte wiederholten ständig einen einzigen Psalmvers. Die orthodoxen Mönche und Nonnen wiederholen den ganzen Tag über den Namen Jesu im Jesusgebet: „Jesus Christus, Sohn Gottes, erbarme dich meiner." Die mystische Kraft dieser Übung und wie man sie mitten in den Alltag einbauen kann, habe ich in meinem Buch „Mystik und Coaching" (Münsterschwarzach 2011) beschrieben.

Mit dem innerlich gesprochenen Mantra schaffen wir es, aus den alltäglichen Sorgen- und Grübelschleifen auszusteigen. Depressive oder ängstliche Menschen werden dann zunehmend zu Zeugen, wie sie sich durch ihr eigenes Kopfkino verrückt machen, und sie lernen, es abzuschalten. Nichts ist im Leben wichtiger, als König oder Königin über die eigenen Gedanken zu werden. Wie auf innere Bilder, so reagiert unser Gehirn auf Gedanken, als seien sie bereits die Wirklichkeit. Gedanken sind jedoch nur Interpretationen, Fantasien. Leben sie zu lange in unserem Kopf, dann setzt das Gehirn sie in körperliche Wirklichkeit um. Gedanken können uns krank machen. Sie sind einer der Hauptübeltäter, der unser Leben in den Modus des Überlebenskampfes führt und uns den Sonnenschein mit Gefühlen wie Scham, Angst, Ärger, Schmerz vernebelt. Wer seine Gedanken beherrscht, lernt, aus dem Überlebenskampf auszusteigen. Und er kann Probleme schnell und lösungsorientiert meistern, statt sie meditativ im Kopfkino zu vertiefen.

Die Übung ist einfach: Man wiederholt im Alltag, trotz des lärmenden Kopfkinos, möglichst oft den Namen Gottes oder einen Psalmvers oder einen Satz wie: „Gott Du in mir, ich in Dir", „Ich bin ein Kind der Liebe." Dadurch verankert man seinen Geist in den klarsten, höchsten Bewusstseinsschichten. Aus mystischer Sicht werden wir zu dem, was wir denken, zu dem, was wir am meisten meditieren. Der Mystiker, die Mystikerin möchte Jesus Christus, dem urmenschlichen Menschen, gleichgestaltet werden. Wir werden mit ihm eins, indem wir mitten im Trubel möglichst oft seinen Namen ins uns klingen lassen. Wir sind bereits jetzt mit ihm eins. Nur die dunklen Vorhänge unserer Gedanken verhindern, dass wir dies spüren.

Sabine Bobert
Prof. Dr. Sabine Bobert, Theologieprofessorin an der Uni Kiel mit Forschungsschwerpunkt Spiritualität und Mystik, Jahrgang 1964. Monographien zum Thema: Jesusgebet und neue Mystik 2010, Mystik und Coaching 2011. Videos, Texte und weitere Infos unter: www.mystik-und-coaching.de

Eine Vision zeigt Wirkung

Oikocredit als Beispiel für mehr Gerechtigkeit für die Armen

Johannes Dürr

Yalelo Ltd ist ein nachhaltiges Aquakultur-Unternehmen, das am Karibasee in Sambia Tilapia-Fische züchtet. (www.oikocredit.de)

Oikocredit – die ökumenische Entwicklungsgenossenschaft signalisiert schon mit dem Namen, worum es geht: „Oikos" steht für das „Haus" einer weltweiten Ökumene, die bestimmt ist von der Vision eines gerechten Miteinanders ganz unterschiedlicher Menschen. Und „Kredit" steht dafür, dass Menschen in armen Regionen der Welt als kreditwürdig angesehen werden: Ihnen wird zugetraut, dass sie in der Lage sind, sich mithilfe von Krediten selber etwas zu erwirtschaften.

Gewiss gibt es inzwischen eine beachtliche Zahl anderer Beispiele für eine gerechtere Entwicklung und von Visionen einer Ökonomie jenseits von Kapitalismus und Kommunismus: Solidarische Ökonomie, Gemeinwohlökonomie, alternative Banken wie zum Beispiel die GLS, den Fairen Handel, regionale Währungen, die Freiwirtschaft und vieles andere mehr.

Oikocredit hebt sich insofern davon ab, als es Pionierarbeit leistete bei einer kreditfinanzierten sozial ausgerichteten Entwicklungsarbeit, getragen von einer starken Basisbewegung, ein Gegenbeispiel inmitten einer Geldvermehrungswirtschaft, die jedes Maß verloren hat.

Wie kam es dazu?

Nach den Worten von Gert van Maanen, bis 2001 Geschäftsführer von Oikocredit, besteht das Erfolgsgeheimnis von Oikocredit aus einem Traum und fünf Wundern – andere sprechen statt von einem Traum von einer großartigen Vision. Da beide Begriffe im übertragenen Sinn gebraucht werden, sind sie hier letztlich austauschbar. Jedenfalls wurde der genannte Traum 1968 bei der Generalversammlung des Ökumenischen Rats der Kirchen (ÖRK) geboren. Eigentlich hätte dort Martin Luther King sprechen sollen, dessen berühmte Worte einst vom Traum handelten, dass Menschen verschiedener Rassen zu einem gerechten Miteinander finden würden. Martin Luther King wurde zwar wenige Monate vor der Vollversammlung ermordet, doch sein Geist prägte die Versammlung: Antirassismus und Gerechtigkeit wurden zu leitenden Begriffen. Einer der Schlüsse war: Kirchliche Gelder sollten nicht bei Instituten angelegt bleiben, die an Rüstung und Apartheid partizipieren. Stattdessen sollten die Kirchen einen Teil ihrer Rücklagen unter sozialen und ethischen Gesichtspunkten

Die Frauengruppe „Maa Tages Wasi Malula Mandal" in Indien hat mit Hilfe eines Mikrokredits landwirtschaftliches Unternehmen aufgebaut (www.oikocredit.de)

anlegen. Nach gründlichen Studien beschloss der Zentralausschuss des ÖRK schließlich die Gründung einer internationalen Genossenschaft. Diese sollte durch Kreditvergabe die wirtschaftliche Entwicklung von Menschen in ärmeren Regionen der Welt fördern – damals unter der Bezeichnung „EDCS" als Kürzel für „Ecumenical Development Cooperative Society". Doch nun übten sich die meisten Kirchen in Zurückhaltung. Ihre Finanzreferenten hielten das Projekt für wirtschaftlich nicht tragfähig – so auch ein Gutachten der EKD 1977. So stand nur eine Million US-Dollar zur Verfügung. Dennoch begann die Genossenschaft 1977 mit der Arbeit, 1978 wurden die ersten Darlehen vergeben – Anfang des Jahres betrug das Einlagekapital umgerechnet rund 2.700 000 DM.

Doch wer hätte damals gedacht, dass EDCS so rasant und bis heute anhaltend wachsen würde (seit 1999 unter dem Namen „Oikocredit"), dass Ende 2015 eine Bilanzsumme von gut einer Milliarde Euro erreicht wurde und die Kredite fast 50 Millionen Menschen zugutekommen?

Doch die Geschichte ist immer wieder bestimmt davon, dass unmöglich Scheinendes möglich wird. Einer der veröffentlichten Glückwünsche zum 40-jährigen Geburtstag von Oi-

kocredit erinnert daran in Anlehnung an das Reich-Gottes-Gleichnis Jesu vom Senfkorn: Er wünscht Oikocredit den Fortgang eines 40-jährigen Wunders: wie aus kleinen Anfängen ein großer Baum wurde, der noch 1000-fach Früchte der Gerechtigkeit tragen solle.

Nun tragen natürlich längst nicht alle Visionen und Träume Früchte – sei es die Vision Helmut Kohls von den blühenden Landschaften im Osten, oder sei es der Traum von einer friedlichen Nutzung der Atomkraft, die alle Energieprobleme lösen könnte. Was bleibt Illusion, wie zum Beispiel der kindlich-archetypische Traum von einem Goldenen Zeitalter oder Paradies, wo alles für alle im Überfluss vorhanden ist? Und was führt dazu, dass Visionen und Träume sich eines Tages bewahrheiten und erwachsen werden?

Nach C. G. Jung ist ein wichtiger Aspekt, dass Träume, Imagination und Visionen lösungsorientiert sind. Wichtig ist es, darauf zu achten, woraufhin sich etwas entwickeln soll und kann – und dann beharrlich daran zu arbeiten, dass sich eine Idee realisiert. So äußerte ein ehemaliges Vorstandsmitglied von Oikocredit im Blick auf die Gründung von Oikocredit: „Wir hatten erkannt, dass gute Propheten nicht nur sagen, was falsch ist, sondern auch neue, alternative Routen aufzeigen... Oikocredit bietet eine kraftvolle Vision und eine konkrete Alternative für eine ganzheitliche Herangehensweise an finanzwirtschaftliche Themen... Es ist der Charakter einer Bewegung, der eine Schlüsselbedeutung für den Erfolg der Genossenschaft hat."

Damit sind wir beim ersten der genannten „Wunder", die den Erfolg von Oikocredit erklären: der Entstehung von Förderkreisen, getragen von einer ganzen Bewegung Freiwilliger. Nachdem die Kirchen ihr Kind EDCS so vernachlässigt hatten, wurden viele Einzelne aktiv, denen die Idee von EDCS spontan eingeleuchtet hatte: auf der Geberseite ein Instrument der Entwicklungsförderung zu schaffen, das die Arbeit von Spendenorganisationen und Fairem Handel ergänzen sollte. Auch ein Teil der Rücklagen von Gemeinden, Gruppen und Einzelpersonen sollte dazu dienen, mit Krediten Projekte von Armen zu finanzieren. Auf der Empfängerseite war das Ziel, Menschen zu befähigen, sich selber etwas zu erwirtschaften. Ein oft zitierter Satz war die Aussage des Rabbi Abba um 290 n. Chr.: „Wer ein Darlehen gibt, ist größer als der, der ein Almosen gibt, denn er erspart dem Armen die Beschämung." Oder auch Lukas 6,35: „Tut Gutes und leiht, wo ihr nichts dafür zu bekommen hofft. So wird euer Lohn groß sein...".

Dass es weltweit einen riesigen Bedarf an Krediten für Ärmere geben könnte, die auch zurückgezahlt werden, schien damals nicht vorstellbar. Sie galten nicht als kreditwürdig. Anfangs waren es dann fast ausschließlich Genossenschaften, die Kredite erhielten, vorwiegend im Bereich Landwirtschaft, schwerpunktmäßig in Lateinamerika, wo es gute Voraussetzungen für die Bildung eines Genossenschaftswesens gab. EDCS erinnerte dabei an eine vergleichbare Entwicklung hierzulande, die Bildung von Raiffeisen-Genossenschaften im 19. Jahrhundert, welche der verarmten Landbevölkerung die Möglichkeit zu einem solidarischen Wirtschaften gab.

Ein anderer hatte zur selben Zeit eine vergleichbare Vision, Muhammad Yunus, der Gründer der Grameen Bank in Bangladesh: Kredite für die Armen in Form von Mikrokrediten an Kleingruppen, hauptsächlich von Frauen. Sie steckten das Geld nicht in den Konsum, sondern verwendeten es für kleine landwirtschaftliche und handwerkliche Investitionen und achteten auf gewissenhafte Rückzahlung. Das Modell war so erfolgreich und bahnbrechend, dass die UNO das Jahr 2005 zum Jahr der Mikrokredite ausrief und Yunus mit der Grameen-Bank 2006 den Friedensnobelpreis erhielt – wobei man ihm später von Regierungsseite manche Steine in den Weg legte und seine Leistung in Zweifel zog.

Diese Erfahrung zeigt, wie erfolgreich alternative Modelle im Bereich Wirtschaft und Finanzen sein können. Dazu aber braucht es erst eine Vision, dass etwas anders sein könnte. Auch die Freiwilligen bei EDCS betrachteten das Unternehmen als Modell einer alternativen Weltwirtschaftsordnung: EDCS zeige im Kleinen, wie im Vorgang des Wirtschaftens die Beziehung zwischen Stärkeren und Schwächeren gerechter gestaltet und wie das miteinander Teilen praktiziert werden könnte. Ein Modell – verstanden als etwas „Antizipatorisches", d. h. aber auch etwas Verpflichtendes, keine Illusion, wohl aber eine „konkrete Utopie", nicht nur eine Theorie, sondern auch Praxis, nichts Perfektes, aber etwas, was die Tendenz hat zum Besseren, Gerechteren" (so Gebhard Böhm, zeitweise Vorsitzender eines regionalen Förderkreises).

Um dieses Modell zu fördern, trafen sich Anfang Mai 1978 zwanzig entwicklungs- und finanzpolitisch Interessierte in Esslingen. Nach holländischem Vorbild gründeten sie den ersten deutschen Förderkreis der EDCS. Während eine Direktmitgliedschaft bei EDCS nur für Kirchen und andere Institutionen möglich war, konnten nun auch Einzelpersonen, Kirchengemeinden und andere Einrichtungen Anteile von EDCS erwerben, vom Förderkreis treuhänderisch verwaltet. Bald wurde die Arbeit in verschiedene regionale Förderkreise aufgeteilt. Viele engagierten sich in der Öffentlichkeitsarbeit und trugen so zum enormen Wachstum von EDCS bei. Zum 30-jährigen Jubiläum des Förderkreises Baden-Württemberg zitierte der

Genossenschaftliche Bank in Kambodscha (www.wikimedia.org)

damalige Vorsitzende Dr. Günter Banzhaf Dom Helder Camara: „Wenn einer träumt, ist es nur ein Traum. Wenn viele träumen, ist es der Anfang einer neuen Bewegung."

Nachgetragen sei noch kurz, welche weiteren „Wunder" zum Erfolg von Oikocredit beitrugen: als zweites, dass die Genossenschaft mit Sitz in Holland von Anfang an Steuerfreiheit erhielt. Als drittes, dass die Kredite zu 85 bis 90 Prozent zurückgezahlt wurden. Das vierte: dass es einen hohen Bedarf an solchen Krediten gab, und als letztes: dass keiner der Anleger bisher einen Cent verloren hat. Im Gegenteil: In den allermeisten Jahren konnten 2 Prozent Dividende ausgezahlt werden – wobei der soziale Ertrag viel wichtiger war als der finanzielle. Dennoch kann Oikocredit nicht ausschließen, dass die Erträge einmal zurückgehen. Doch gilt dies für alle Formen ethischen und nachhaltigen Investments, das inzwischen zu einem großen Markt geworden ist.

Auf diesem Markt ist es ein Kennzeichen von Oikocredit, dass die Beteiligung daran von Anfang als ein Lernprozess verstanden wurde, als ein Anteilhaben am Risiko wie am Erfolg der Projektpartner. „Lernen mit einem Anteilschein" hieß eine Arbeitshilfe des südwestdeutschen Förderkreises. Auch international handelte es sich um einen Lernprozess. Es wurde deutlich: Oikocredit kann nicht als Allheilmittel gelten, um Armut zu überwinden, jedoch als ein wichtiger Beitrag dazu.

Es zeigte sich dann, dass besonders viele Menschen erreicht werden konnten über die genannten Mikrokreditorganisationen, die wiederum von Oikocredit Kredite erhielten. Sie machten zeitweise über 80 Prozent des gesamten Kreditvolumens aus. Doch das Erfolgsmodell führte dazu, dass viele Organisationen gegründet wurden, die nur am finanziellen Erfolg, jedoch nicht an der sozialen Wirkung interessiert waren. Dies konnte dann zu einer Überschuldung der Kreditnehmer führen. Teils wurden sie so unter Druck gesetzt, dass es zu Selbstmorden kam und das Thema Mikrokredite in die Schlagzeilen geriet.

Oikocredit zog daraus den Schluss, neue Instrumente eines sozialen Wirkungsmanagements zu schaffen. Denn es braucht nicht nur die Vision und den guten Willen. Es braucht auch gesicherte Erkenntnisse, wie weit Kredite dazu beitragen, Armut zu überwinden sowie objektivierbare Kriterien für die Auswahl von Projekten, die zugleich wirtschaftlich tragfähig wie auch sozial und ökologisch ausgerichtet sind und zugleich Frauen zum Handeln befähigen.

Teil des Lernprozesses ist es auch, neue Erfordernisse zu erkennen: Derzeit steht verstärkt die kleinbäuerliche Landwirtschaft besonders in Afrika im Blickpunkt. Hier muss Pionierarbeit geleistet werden, nicht zuletzt zur Aufhebung von Fluchtursachen. Das neueste Feld sind Kredite für alternative Energien, z. B. für die Herstellung und den Vertrieb von Solarlampen.

Zum Lernprozess gehört nicht zuletzt, ehrenamtliche Projekte vor Ort zu besuchen und darüber zu berichten. So nehmen sie wahr, wie vor Ort Visionen Wirkung gezeigt haben: zum Beispiel bei SEKEM, ein altägyptisches Wort für „sonnenhafte Lebenskraft". Was wie ein Wunder klingt, wurde dort anhaltend erfolgreich umgesetzt: ökologischer Landbau in der ägyptischen Wüste, ergänzt durch die Schaffung von Bildungseinrichtungen. 2003 wurde SEKEM sogar mit dem Alternativen Nobelpreis ausgezeichnet.

Oder es konnte berichtet werden über „Die Vision des Dr. Ranga", der in Indien ein Sozialunternehmen zur Herstellung von Solarlampen gegründet hat. 2015 gab Oikocredit dafür einen Kredit in Höhe von umgerechnet rund 570 000 €. Oder der Besuch bei einem nachhaltigen Aquakultur-Unternehmen in Sambia. Der Geschäftsführer erläutert die Vision des Unternehmens, im nächsten Jahr die Produktion von 20 auf 30 Millionen Fische zu steigern, wozu ein zweiter Kredit von Oikocredit über 2,5 Millionen Dollar beitragen soll.

Visionen, in der Wirtschaft verstanden als Beschreibung dessen, was ein Unternehmen in Zukunft sein und erreichen will: Sie dienen dazu, bestehende Zustände entscheidend zu verändern.

So betrachtet ist das Bedeutungsspektrum des Begriffs „Vision" enorm, ausgehend von visionären Erfahrungen von Menschen in praktisch allen Religionen. Es sei nur ein folgereiches Beispiel genannt: Dass nach den Worten beim Propheten Joel die göttliche Geisteskraft ausgegossen werden soll, sodass die Alten Träume und die Jungen Visionen haben, eine Vision, die in der Pfingstgeschichte Gestalt gewann in Form einer Geisteskraft, die bis heute in Menschen fortwirken will. Daran knüpft auch eine alte Redensart bei Oikocredit an, dass das „Geld unter den Geist kommen" und somit auch der Bereich des Ökonomischen gewissermaßen „getauft" werden soll.

Wolfgang Kessler, Chefredakteur von „Publik-Forum", hat von Anfang an immer wieder auf die Bedeutung von Oikocredit hingewiesen. Unter der Überschrift „Eine Vision für das Geld" schreibt er 2008 in einem Magazin von Oikocredit: *„Betrachtet man die Fehlentwicklungen auf den globalen Finanzmärkten, dann verbirgt sich hinter dem Engagement von Oikocredit eine Vision: Man stelle sich nur für einen Augenblick vor, nicht nur 300 Millionen Euro (Anmerkung: d. i. das Anteilskapital von Oikocredit im Jahr 2007), sondern Tausende von Milliarden Euro würden auch nach sozialen und ökologischen Kriterien angelegt. Dann ginge den Ausbeutern billiger Arbeitskräfte, den Waffenproduzenten, den Spekulanten und Umweltzerstörern irgendwann das Geld aus."*

Andere der eingangs genannten Beispiele für eine gerechtere Entwicklung können sicher eine vergleichbare Erfolgsgeschichte aufweisen, wie Visionen Wirkung zeigen. Michael Opielka, zuletzt Leiter des Instituts für Zukunftsstudien und Technologiebewertung in Berlin, sagte in einem Vortrag: *„Zukunft entsteht durch Selektionen von Möglichkeiten. Nicht alles geht immer. Zukunft gelingt durch die Offenheit an Möglichkeiten, die als unmöglich gelten."* Und Günther Bachmann, Generalsekretär des Rates für nachhaltige Entwicklung, fordert eine Pluralität von Visionen. Ferner: Um Verhalten von Menschen zu ändern, brauche es vor allem Begeisterung, positive Erfahrungen, Sehnsüchte und Ideen für ein friedliches Zusammenleben.

Als ein Beispiel dafür kann Oikocredit gelten –
dass die Vision von mehr Gerechtigkeit für die
Armen weiter viele Früchte trägt.

Literatur
Bachmann, G. (2013): Visionen und Politik, in Jahrbuch
Ökologie: Mut zu Visionen. Stuttgart
Böhm, G. (2016): Versuchung und Chance. Der Glaube
und das Geld. Saarbrücken
Eurich, C. (2016): Aufstand für das Leben: Visionen für
eine lebenswerte Erde. Petersberg
van Maanen, G. (2001): Das Erfolgsgeheimnis von Oiko-
credit. In: Bassler, K. u.a. (Hrsg.): Ethisches Investment.
Stuttgart
Opielka, M. (2013): Visionen solidarischer Ökonomie und
Postwachstumskritik (Internet)
Verschiedene Materialien von Oikocredit: teils im Internet
zu finden unter www.oikocredit.de, dort auch Angaben,
wie man bei Oikocredit Geld anlegen und Mitglied werden kann.

Johannes Dürr
Pfarrer i.R., Tübingen, geb. 1946, Studium der Kirchenmu-
sik und der Theologie, Gemeindepfarrer in Burladingen,
Esslingen und Ditzingen, seit 1979 Mitglied bei Oikocredit,
Mitarbeit im sowie Leitung des Öffentlichkeitsausschus-
ses des Südwestdeutschen Förderkreises von EDCS
(später: Oikocredit) bis 1993, seit 2012 Mitarbeit in der Tübinger Focusgruppe von Oikocredit.

„Fitzcarraldo" oder ein Eroberer des Nutzlosen

Ein Film von Werner Herzog, 1982

Dieter Volk

Werner Herzog gehört zu jenen Regisseuren, die ihre Filme mit einer ungeheuren Energie und einem durch nichts zu erschütternden Enthusiasmus verwirklichten. Herzog war geradezu von der Vorstellung besessen, dem Kino eine Erneuerung geben zu können, frei von technischen Tricks, fern der fabrikmäßigen Herstellung des Unwirklichen, fern seiner Entzauberung. Herzog, der in seinen Filmen das Abenteuerliche und Geheimnisvolle liebt, blickt dabei in die Abgründe der Seele, und die Geschichten, die er erzählt, haben einen magischen Gestus. Besonders faszinieren ihn besessene Helden, bizarre Figuren und Situationen, die er vor allem in seinen späten Filmen in exotischer Umgebung überwältigend schön filmt.

Kompromisslos versuchte Herzog seine Stoffe – und seien sie noch so fiktional – in authentischer Umgebung zu drehen. Wann immer möglich arbeitete er an Originalschauplätzen, sodass er sich und die jeweilige Crew mehr als einmal in Lebensgefahr brachte. Das hieß: Wenn Herzog einen Film drehte, waren die Dreharbeiten meist so abenteuerlich wie der Film selber.

1972 schuf Herzog mit „Aguirre, der Zorn Gottes" einen Film, der die nach Gold gierende Expedition spanischer Konquistadoren in die Urwälder Amazoniens zeigt, ein Epos um Größenwahn und Irrsinn, in welchem der monströse Anführer (Klaus Kinsky) – getrieben von dem Wunsch nach Reichtum und Macht – keine Grenzen kennt, sodass ein Höllentrip durch den Dschungel beginnt. Als Höllen-

trip bezeichnet wurden auch die Dreharbeiten selbst, weil Herzog auch hier darauf bestand, unter schwierigsten Bedingungen im Dschungel zu arbeiten. Es ist, als habe er die Vision gehabt, einen monumentalen Klassiker des Kinos zu schaffen. Und in der Tat ist es ihm gelungen, bei allen Schwächen und Längen, ein farbenprächtiges und bild gewaltiges Werk zu schaffen.

Sein ambitionierteste Filmprojekt

Als ob er dieses Bemühen noch übertreffen wolle, hat sich Herzog – ebenfalls im Amazonas-

Werner Herzog und Klaus Kinski bei den Dreharbeiten

dschungel – an ein noch größeres Vorhaben gewagt. 1979 begannen in Peru die Vorbereitungen zu „Fitzcarraldo", Herzogs bis dahin ambitioniertestem und aufwändigstem Filmprojekt, einem Werk, welches „die intensivsten Bemühungen und größten Anstrengungen hervorbrachte", wie Herzog in einer späteren Dokumentation über seine schwierige Zusammenarbeit und Freundschaft mit Klaus Kinsky betont. Auch die Aufzeichnungen Herzogs in seinem Filmtagebuch „Eroberung des Nutzlosen" legen dar, wie chaotisch, nervenaufreibend und kräftezehrend die Dreharbeiten im peruanischen Dschungel von 1979 bis 1981 waren.

Bereits die Unzahl von Schwierigkeiten im Vorfeld sind eine eigene abenteuerliche Geschichte. Zunächst wollte die 20th Century Fox den Film produzieren, nahm jedoch bald davon Abstand, da der „On-Location-Fan" Herzog darauf bestand, dass die aberwitzigste Szene des Films – in der ein 32 t schweres Flussschiff über einen Berg gezogen werden sollte – unter realen Bedingungen gedreht wird, während die Produktionsfirma Herzog aus Sicherheitsgründen angeboten hatte, dies im Studio zu drehen und mittels Spezialeffekten ein Modellschiff über einen Papphügel zu ziehen. Herzog lehnte ein solches Ansinnen ab und stand mit seinem großen Projekt ohne Produzenten da.

Als schließlich die Finanzierung des Vorhabens gesichert war, Herzog zusammen mit seinem Bruder auch als Produzent fungierte und die Dreharbeiten begonnen hatten, kam es bald zu heftigen Attacken der Presse. Diese warf Herzog Menschenrechtsverletzungen gegenüber den indianischen Arbeitern und Statisten vor. Einer Überprüfung durch Amnesty International hielten diese Anschuldigungen jedoch nicht stand.

Damit nicht genug: Die Dreharbeiten begannen im Herbst 1979, mussten jedoch im Dezember 1980 abgebrochen werden, weil der bisherige Hauptdarsteller Jason Robards schwer erkrankte (ursprünglich hatte sich Herzog Jack Nicholson dafür gewünscht, der aber nicht bereit war, bei einem derartigen Projekt mitzuwirken). Eine wichtige Nebenrolle, welche für Mick Jagger geplant war, musste gestrichen werden, da dieser überraschend mit den Rolling Stones auf eine Europa-Tournee aufbrechen musste.

Herzog sah sich gezwungen, den ganzen Film umzustrukturieren und konnte schließlich Klaus Kinsky, mit dem er zuvor schon „Aguirre, der Zorn Gottes", „Nosferatu – Das Phantom der Nacht"" und „Woyzeck" gedreht hatte, als Hauptdarsteller gewinnen. Wie gesagt war die Beziehung der beiden Filmschaffenden von besonderer Art. Sie verband eine ausgeprägte Hassliebe, die Herzog 1999 in seinem Film „Mein liebster Feind – Klaus Kinsky" thematisierte. Neben den schwierigen Produktionsbedingungen im Urwald erschwerten die täglichen Tobsuchtsanfälle Kinskys die Arbeit. Meist entzündeten sie sich an Nichtigkeiten, dennoch waren sie enorm belastend und irritierten die Indio-Statisten so stark, dass diese Herzog eines Tages vorschlugen, den Wüterich kurzerhand umzubringen, was dieser natürlich ablehnte. Einmal nach dem Grund ihrer

Zusammenarbeit gefragt, antwortete Kinsky: „Because he's crazy. And so I am. That's why…" Und Herzog ergänzte: "It's a perfect combination of the mad people, and the mad man."

Mario Adorf , der ursprünglich den Dampfschiff-Kapitän spielen sollte und ebenfalls während der Dreharbeiten ausstieg, sagte später: „Er nennt seine Art, Filme zu machen, realistisch. Ich nenne sie Wahnsinn."

Nur Träumer können Berge versetzen

Und Wahnsinn war Herzogs ganzes Projekt. Der Regisseur, in dem sich, wie er sagte, „eine Vision festgekrallt" hatte, eine wahnwitzige Vision, von der er sich von nichts und niemandem abbringen ließ, dazu ein reichlich verrückter Schauspieler. Ein Film von Besessenen über einen Besessenen. Es war der Wahnsinn, die Verrücktheit jenes Mannes, der in einer verrotteten Amazonas Stadt eine Oper bauen will.

Iquitos in Peru um 1900. Die Zeit des Kautschuk-Booms im Amazonas-Gebiet. Die Kautschukbarone hatten es durch ihr Monopol zu enormem Wohlstand gebracht. In ihrem unermesslichen Reichtum ließen sie ein prächtiges Opernhaus in der Dschungelstadt Manaus in Brasilien erbauen. Es heißt, in ihrer Verschwendungssucht hätten sie ihre Hemden nach Lissabon verschiffen lassen, nur um sie dort waschen und stärken zu lassen. Auch waren ihre Häuser mit Marmor aus Florenz und Kacheln aus Delft geschmückt. Einer unter ihnen, ein bislang geschäftlich allerdings wenig erfolgreicher Glücksritter, der exzentrische Ire Brian Sweeney Fitzgerald, genannt Fitzcarraldo, ist mit dem Versuch, eine Eisenbahnstrecke durch den Urwald zu errichten, grandios gescheitert und sein aktuelles Projekt, die Produktion von Eis, bringt nicht den erhofften Erfolg. Geld könnte er brauchen, viel Geld. Denn er hat einen Traum: Er möchte in Iquitos inmitten des Urwaldes ein Opernhaus nach dem Vorbild des Teatro Amazonas in Manaus erbauen, in welchem sein von ihm über alles geliebter Tenor Enrico Caruso zur Premiere auftreten soll. Diese Leidenschaft stellt Inspiration und Motivation für all seine Unternehmungen dar.

Schon die Eingangsbilder des Films führen diesen besessenen Phantasten eindrücklich vor Augen: Fitzcarraldo (Klaus Kinsky) und seine Geliebte, die Bordell-Besitzerin Molly (Claudia Cardinale) kommen nach einer Bootsfahrt von zwei Tagen und zwei Nächten nach Manaus – sie erschöpft, er euphorisiert –, nur um in der Oper Caruso singen zu hören. Bereits diese Szenen deuten die Machart des ganzen Films an. Während die Dreharbeiten äußerst chaotisch verliefen und von wilder Atmosphäre geprägt waren, wird Fitzcarraldos Geschichte ruhig, mit leichter Hand erzählt. Allenfalls kurz blitzt zu Beginn das Dämonisch-Besessene auf, als Fitzcarraldo einen Kirchturm besteigt und über den Ort schreit: „Ich will meine Oper! Ich will meine Oper!" Klar, diese Figur ist bizarr und befremdlich – immer in einen weißen Kolonialanzug gekleidet, mit wirr abstehenden hellblonden Haaren. Dennoch scheint er – durch die Sanftheit Mollys „gezähmt"? – authentisch.

Hohn und Spott der etablierten und erfolgreichen Kautschukbarone lässt er gelassen über sich ergehen, als er versucht, sie für seine

vieles, was an Oper erinnert. Auch hier besteht das Personal aus einem Helden, es geht um eine große Idee, um Gelingen oder Scheitern, es gibt Götter und Halbgötter. Fitzcarraldo liebt nicht nur die Oper, er selbst ist eine Opernfigur. Wenn man sieht, wie er und das Geschehen in Szene gesetzt werden, hat das etwas von „Großer Oper".

Opern-Pläne zu erwärmen: Um zu Reichtum zu kommen, hat er die Idee, ein bislang unerschlossenes riesiges Kautschukgebiet in großem Stil auszubeuten. Aber das Gebiet ist so unzugänglich, dass sich bisher keiner dorthin gewagt hat. Weil unüberwindliche Stromschnellen den Weg versperren, plant er, diese auf dem Landweg zu umgehen, wozu allerdings ein Dampfschiff über einen Berg gezogen werden muss, was er mit riesigen Seilwinden und der Muskelkraft der dort ansässigen Indianer bewältigen will. Mit leuchtenden Augen schließt er seine Ausführung, indem er den Gästen entgegenschleudert: „So wahr ich hier stehe, ich werde eines Tages Große Oper nach Iquitos bringen. Ich bin die Überkraft und die Überzahl. Ich bin die letzte Schlacht. Ich bin das Schauspiel im Wald." Und der Gastgeber prostet ihm zu: „Auf Fitzcarraldo, den Eroberer des Nutzlosen!" Doch mit Mollys Unterstützung und ihrem Geld hat er alsbald ein Dampfschiff für sein Abenteuer zur Verfügung, denn sie ist davon überzeugt, dass nur Träumer Berge versetzen können.

Große Oper im Urwald

Herzog hat seinen Film als „Stilisierung eines großen Opernereignisses" bezeichnet. Er, der Visionär, sieht eine innige Verwandtschaft zwischen Musiktheater und Dschungel, „in der ungeheuerlichen Übersteigerung, in der Maßlosigkeit an Gefühlen." Er wollte „Große Oper in den Urwald" bringen. Und tatsächlich ist da

Auch liebt Herzog die große Kulisse. Er nimmt sich Zeit, um deren epische und vor allem optische Wucht zu entfalten, indem er lange und ruhige Einstellungen wählt. Er vertraut auf die Macht der Bilder, Bilder von meditativer Kraft, über die letztlich die ganze Geschichte erzählt wird. Wenn sich Fitzcarraldo mit seiner „Crew" – im wesentlichen einem halbblinden Kapitän, einem misstrauischen Maschinisten, einem immer betrunkenen Koch – auf seine Reise ins Ungewisse macht, wenn das Schiff den Fluss hinauffährt, rechts und links nur der unheimliche Dschungel, der Regenwald in all seinen Farben und Schattierungen, zeigen sich Bilder von seltener Schönheit und großer Suggestivität.

Und der Film setzt auf die Kraft der Musik, denn dies alles wird unterstrichen durch die getragenen, perfekt eingesetzten Klänge der Gruppe Popohl Vuh, die in Verbindung mit den majestätischen Bildern ein bewusst provoziertes Pathos schaffen. Wenn die unheimliche Stille der Flussfahrt plötzlich durch Buschtrommeln durchbrochen wird, wenn sich die Mannschaft angstvoll an Deck versammelt und zu spüren ist, dass Unheil droht, dann klettert Fitzcarraldo aufs Dach, kurbelt an seinem Trichter-Grammophon und es erklingt kratzend und zitternd eine Caruso-Arie. Und siehe, der große Tenor behauptet sich gegen den kriegerischen Trommelklang. Es wird still im Busch, die Gefahr scheint gebannt. In dieser Szene, zwar skurril und grotesk verfremdet, wird eine Zielrichtung des Filmes besonders deutlich: Herzog lässt Kultur und Natur aufeinandertreffen, Oper als Ausdruck hoch entwickelter Kultur im unberechenbaren, wilden Dschungel, ganz entsprechend Fitzcarraldos großspuriger Ankündigung, er sei „das Schauspiel im Wald". Aber es stellt sich die Frage, wie sich diese Begegnung entwickeln, bzw. ob die Kultur die Oberhand behalten wird.

Verschiedene Träume

Zur Überraschung aller ist es gelungen, die sich nähernden Indios friedfertig zu stimmen. Scheu, mit Neugierde und Verwunderung begegnen sie dem Schiff und dem weiß gewandeten Fremdling. Ja, sie sind sogar bereit, Fitzcarraldo bei seiner Unternehmung zu unterstützen. Mit geradezu übermenschlichen Kräften gelingt es, das Schiff über den Berg zu ziehen und es scheint, als wäre dem großen Vorhaben Erfolg beschieden. Doch die Indios haben andere Träume als Fitzcarraldo. In der Nacht kappen sie die Taue, denn sie haben das Schiff nur über den Berg gebracht, um „das göttliche weiße Gefährt" auf der anderen Seite durch die Stromschnellen treiben zu lassen. Nur dann kann es einer Prophezeiung entsprechend gelingen, die Geister des Flusses zu besänftigen und der Gegend, auf der ein Fluch lastet, Erlösung zu bringen. Ihr Vorhaben bedeutet für Fitzcarraldo aber, ohne Erfolg wieder zu seinem Ausgangspunkt zurückzukehren; so nah am großen Triumph, ist jetzt das Unternehmen gescheitert, der große Traum geplatzt.

Offensichtlich, dass damit ein Wendepunkt im Geschehen erreicht ist. Die Kamera hält neue Eindrücke fest, fängt andere Stimmungen ein. Fassungslos steht Fitzcarraldo mit seiner Mannschaft an Bord. Sie sehen, wie

ihr vor Tagen so stolz unter Dampf fahrendes Schiff herrenlos in den Stromschnellen treibt, hilflos und manövrierunfähig wie eine Nussschale gegen die Felsen geschleudert wird, währenddessen das Grammophon die erschütternde Melodie des Sextetts „Chi mi frena in tal momento" („Wer vermag den Zorn zu hemmen") aus Donizettis Lucia di Lammermoor spielt, sodann der leise beschwörende Gesang der Indios und schließlich wieder alles übertönend und dominierend die Geräusche des Dschungels.

Szenen, die geradezu ein Abgesang sind auf Fitzcarraldos größenwahnsinnige Idee, seinen Zwang, heldenhaft die Vision in die Tat umzusetzen, dass die Kultur die Natur besiegen kann.

Heiterer Wahnsinn

Schwer beschädigt und mit Schlagseite dümpelt das Schiff zum Heimathafen zurück. Niedergeschlagen erscheint Fitzcarraldo dem Zuschauer nun nicht mehr als der inflationierte, obsessive Phantast, vielmehr steht da ein gestrauchelter Held in menschlicher Größe.

Die Dreharbeiten durften für Herzog niemals scheitern („Sonst gehe ich in den Urwald und keiner wird mich finden"), der Film dagegen macht das Scheitern geradezu zu seiner großen Idee. Es ist das Scheitern zum richtigen Zeitpunkt, auf dem Gipfel des Erfolgs. Erst dadurch kann der Prozess der Wandlung und Fitzcarraldos Geschichte ein gutes Ende

nehmen. Der Held erkennt, wie nah Erfolg und Scheitern beieinander liegen, begreift am Ende, dass Erfolg nicht zählt. Es scheint, als habe er zu Demut gefunden, nicht gedemütigt, denn bei aller Ratlosigkeit hat er seinen Stolz bewahrt, und auch von seinem Traum, Oper in den Dschungel zu bringen, hat er nicht Abschied genommen. Frei von Verbissenheit und dem Zwang zur Tat kann aus seiner Vision heiterer Wahnsinn werden. Aber wie es scheint, muss man zuvor versuchen, Berge zu versetzen.

Nach dem notgedrungenen Verkauf seines Schiffes an den früheren Besitzer nutzt Fitzcarraldo den Erlös, um sich seinen Traum doch noch zu erfüllen. Ihm, dem Erfolglosen, ist es gelungen, eine Opernkompanie, die gerade in Manaus weilt, nach Iquitos zu holen. Wahrlich ein „Eroberer des Nutzlosen". Für nur eine einzige Aufführung macht er das Schiffsdeck zu seinem Opernhaus. Während die Sänger auf dem ramponierten Schiff vor den Pappkulissen die Arie „A te, o cara" aus Puccinis „I Puritani" über den Amazonas schmettern, dabei vorüberfahren an Molly und ihren Mädchen, vorbei an Indios, an nackten Kindern, während alles jubelt und die schwarzbefrackten Violinisten mit ihren Bögen über den Horizont des Urwalds fahren, steht Fitzcarraldo auf dem Oberdeck, zufrieden an einen rotplüschigen Theatersessel gelehnt, und raucht schmunzelnd eine riesige Zigarre – ein ebenso verrücktes, groteskes wie wunderbares Schlussbild.

„Fitzcarraldo" ist als DVD im Handel erhältlich.

Dieter Volk
Analytischer Kinder- und Jugendlichen-Psychotherapeut, Dozent am C. G. Jung-Institut Stuttgart. Dort Initiator der Veranstaltungsreihe „Film im Keller".

Tilmann Borghardt
Wolfgang Erhardt
Buddhistische Psychologie
Grundlagen und Praxis
München, Arkana 2016 , 607 S. 34 Euro,
ISBN 978-3-442-34176-4

Die beiden Autoren sind erfahrene Meditierende und Freunde. Tilmann Borghardt, alias Lama Tilmann Lhündrup, lebte 21 Jahre in einem buddhistischen Kloster und bildet Meditationslehrer aus. Er ist Arzt und Homöopath mit dem Anliegen der Integration von Wegen des Heilens und Erwachens.

Wolfgang Erhardt ist Dipl. Psychologe in eigener Praxis in Bonn. Er hat das „Institut für Essentielle Psychotherapie" gegründet, das er als Leiter führt.

Das Buch ist in zwei Teile gegliedert. Im ersten Teil geht es um die buddhistische Geistesschulung in der Psychotherapie. Im zweiten Teil um Psychotherapie auf der Grundlage buddhistischer Geistesschulung. Es ist für Fachleute und Interessierte geschrieben.

Das Buch gibt eine Einführung in die Grundlagen der „Essentiellen Psychotherapie".Es ist ein psychotherapeutischer Ansatz, der den „Erfahrungsschatz der buddhistischen Tradition mit westlicher Psychotherapie verbindet. Er orientiert sich an den wesentlichen Anliegen des Menschseins: dem Leben tiefen Sinn zu geben, sich aus einengenden Gewohnheiten zu befreien und zum eigenen Potenzial zu erwachen."

Es wird deutlich, was mit „Erwachen" gemeint ist. Es geht darum „sich zunehmend von einengenden emotionalen und kognitiven Mustern zu befreien und das innewohnende Potenzial erwachter Qualitäten wie Liebe, Mitgefühl, Offenheit, Flexibilität und Weisheit freizulegen."

Was mir als Leserin gefällt, ist die Haltung der Autoren. Im Buddhismus wird die Natur des Geistes als grundlegend gesund betrachtet. Dies knüpft an den ressourcenorientierten Ansatz der modernen Psychotherapie an, die sich um die Integration bemüht, einerseits den Konflikt zu sehen und andererseits die Ressourcen des Menschen zur Transformation emotionaler Blockaden zu unterstützen.Mit diesem therapeutischen Ansatz werden „Vertrauen in den eigenen, in der Tiefe urgesunden Geist" gefördert. Es wird eingeladen zu regelmäßiger Meditation, die eine positive Wechselwirkung zur Psychotherapie hat (Synergie-Effekt). Es werden humanistische Einstellungen und Werte unterstützt, die uns auffordern, Verantwortung für das eigene Leben zu übernehmen und sich mitfühlend zu engagieren.

Was ich an dem Buch ebenfalls als Leserin schätze, sind die übersichtliche Einteilung und die Übungen zu den jeweiligen Themen. Es gibt ein Kapitel „Den Sinn des eigenen Lebens klären". Hier wird eine Übung in 7 Schritten angeleitet, wobei jeder Schritt einzeln geübt werden kann. Es geht darum, die eigenen Prioritäten zu klären, indem der Kontakt zu sich selbst gefunden wird, um dann die ureigensten Herzensanliegen und den ureigensten Sinn des Lebens finden.

Das Buch gibt durch viele Übungen Anregungen zur Praxis, z.B. die Methode „Tonglen", oder „Tiefe, weite Sammlung in mitfühlender Güte", oder „eine Heilreise ins Land des Buddha" etc.. Es sind Übungen zum Leben und zum Sterben. Die Übungen sind mit vielen Imaginationen verbunden und das gefällt mir besonders. Denn wir wissen heute, dass unser Gehirn ständig bildert, sodass es sich lohnt darauf zu achten, mit welchen Bildern ich mich füttere. Die mitfühlende Haltung der Autoren und die Übungen geben den Lesern die Möglichkeit, den eigenen Entwicklungsprozess und den Weg der Individuation, wie C. G. Jung es nennt, mit Hilfe buddhistischer Inspiration weiterzugehen.

Ich empfehle das Buch gerne weiter!

Margarete Leibig

Foto: Konstantin Yuganov, Fotolia, 106939929

Impressum

Jung-Journal
Forum für Analytische Psychologie
und Lebenskultur
Jahrgang Heft 37, März 2017
ISSN: 1867-4690 ISBN: 978-3-939322-37-5

Herausgeber
C. G. Jung-Gesellschaft Stuttgart Alexanderstr. 92,
70182 Stuttgart

Bankverbindung
opus magnum, Postbank, BLZ 60010070
Konto-Nr. 570344702
IBAN: DE60 6001 0070 0570 3447 02
BIC: PBNKDEFF

Erscheinungsweise, Abo, Vertrieb
Halbjährliches Erscheinen im März und September
Ein Jahresabonnement mit 2 Heften kostet € 15,-
incl. Versandkosten. Bestellungen über:
Internet: www.jung-journal.de
E-Mail: mail@jung-journal.de
Postadresse: opus magnum
Hirsauer Str. 39, 70569 Stuttgart

Redaktion
Prof. Dr. Lutz Müller, Anette Müller,
Margarete Leibig, Bernd Leibig, Dieter Volk

Layout
Lutz Müller, Barbara Fischer

Texte zwischen den Artikeln
Lutz Müller, Anette Müller

Bildnachweise
Wenn nicht anders angegeben stammen alle Abbildungen aus lizenzfreien Quellen des Internet.

Webmaster
Walter Fleritsch

Druck
Kohlhammer Stuttgart

Verlag
opus-magnum, Stuttgart, www.opus-magnum.de

Steve Jobs, 2010, Foto modifiziert aus mediawiki.com

Steve Jobs, Mitgründer und langjähriger CEO von Apple Inc., wurde von Vielen als einer der Pioniere und Visionäre des digitalen Zeitalters angesehen. Das Smartphone, dessen Entwicklung er maßgeblich mitbestimmt hat, ist eines der erstaunlichsten Phänomen der letzten Jahrzehnte, und hat die Welt tiefgreifend verändert. Von manchen aufs Höchste problematisiert, fast angefeindet, ist es doch ein Wunder- (oder Teufels-?)Werk, das die Träume und Visionen vieler Generationen von Menschen wahr werden lässt.

Wie im Märchen mit Hilfe eines magischen hell sehenden Spiegels wird fast alles möglich: eine mit Allem verbundene und vernetzte globale Tele-Vision, die weltumgreifende Kommunikation und Verständigung, der Zugang zu universalem Wissen aller Zeiten, zu allen Orten und Sehenswürdigkeiten der Erde, allen Musik- und Kunstwerken, die Möglichkeit des Sprechens, Lesens, Rechnens, Schreibens, Fotografierens, Spielens, Kreativseins...

Eigenartig, wie selbstverständlich uns dieses Zaubergeät in wenigen Jahren geworden ist und wie wenig wir uns noch darüber wundern, welche Kulturrevolution sich hier in wenigen Jahren ereignet hat. Vielleicht wird eines Tages von einem solchen kleinen Gerät die Rettung der Welt abhängen – oder ihr Untergang, die endgültige Apokalypse, eingeleitet werden ...